叢書・ウニベルシタス　1067

憲法パトリオティズム

ヤン＝ヴェルナー・ミュラー
斎藤一久／田畑真一／小池洋平 監訳
安原陽平／根田恵多／菅沼博子 訳

法政大学出版局

憲法パトリオティズム　目次

凡例

一、本書は、Jan-Werner Müller, *Constitutional Patriotism*, Princeton University Press, 2007. の全訳である。

二、原文でイタリックとなっている強調箇所は傍点で強調し、書名の場合は『 』とする。

三、原注は番号を（ ）で囲み、原書と同様に巻末に付けた。

四、原文の“ ”は「 」に、[ ] は［ ］のママとした。〈 〉は読者の便宜を考慮して訳者が付けたものである。

四、原書での引用については、邦訳があるものは適宜それを参照しつつも、原著者の引用の文脈などを考慮し、訳者があらためて訳し直した場合がある。

自らの父である願望を殺める想念は、愚昧化の復讐を受けることになる。

——テーオドル・W・アドルノ『ミニマ・モラリア』七九

序論

「憲法パトリオティズム」。この表現は、言葉の上で矛盾を抱えているように多くの人たちには聞こえるであろう。憲法とは、その定義からするならば、政治的権力の制限だけでなく、権力を脱個人化させることに役立っている。これに対してパトリオティズムとは、政治的犠牲のために、人々を動員することを目的としている。憲法は利害交渉による合意の結果であることが一般的であり、まさに「権力の自叙伝」[1]である。他方、パトリオティズムは自己利益の超越を訴えかけることを特徴とする。憲法とは、理想的には、規範だけでなく、広く社会の大望をも語るものであり、そして個人の権利も擁護している。これに対してパトリオティズムは「集団に基づく意味深さ」(ジョージ・ケイティブ)といった非リベラルな表現によって市民を誘惑し、彼らが市民的権利と自由を踏みにじるように仕向けることができる。[2]アラスデア・マッキンタイアがかつて述べたように、パトリオティズムが「道徳的危険の永遠なる源泉となる」というのは本当のことかもしれない。もしくはケイティブが主張したように、「パトリオティズムには本来的に道徳性を軽視する傾向がある」ことも事実だろう。[3]

「憲法パトリオティズム」とは、(発案者および本書の理解のように)政治的愛着の中心がリベラル・デモクラシー憲法の持つ諸規範、諸価値、間接的には諸手続に置かれるべきというアイデアである。表現を変えれば、リベラル・ナショナリズムの支持者が主張しているような国民文化にも第一義的に負うておらず、例えばマーサ・ヌスバウムのコスモポリタニズム構想に登場するような「人類の世界共同体」にも、第一義的にも負っていない政治的忠誠である。[4] 憲法パトリオティズムは、ナショナリズムおよびコスモポリタニズムの双方からは異なったヴィジョンを提供しており、これは広く言えば、ヨーロッパとアメリカの政治思想の歴史において伝統的に理解されてきたような共和主義的パトリオティズムとも異なる。

憲法パトリオティズムというアイデアは、これまで非常に様々な運命をたどって来た。それは戦後の分断されたドイツで生まれ、「正式な」ナショナル・アイデンティティの貧相な代替物(ドイツ統一後には不要となるはずの代替物)として見られることも多かった。しかし憲法パトリオティズムは、一九九〇年代半ば以降、ドイツ国内外の観察者によって、ますます多文化化する社会に対する市民的、非ナショナル的（おそらくポスト・ナショナル的でさえある）愛着の、規範的な魅力を伴う形態であるとされ、大いなる復活を遂げた。

最近では、憲法パトリオティズムというアイデアは、超国家的なレベルにおける「市民的同一化」を概念化する方法としても提示されており、明示的に「ヨーロッパ憲法パトリオティズム」を提唱している学者もいる。(5) このような概念がなぜ必要なのであろうか。共通した答えは、次のようなものであろう。すなわち欧州統合のプロセスは、一九八〇年代、そしてとりわけ一九九〇年代に著しく加速した。このような急激な「深化」によって、欧州連合（ＥＵ）の断続的な拡大とともに、何によって「ヨーロッパを団結させ」ることができるのかについて、ひどく苦悩しなければならなくなったのである。一方では、欧州委員会の前委員長であるジャック・ドロールによって「未確認政治物体（unidentified political object）」とかつて称されたものの性質が、一体、どのようなものなのかについて政治家、学者、市民の間で大きな不一致が継続して見られる。他方では、ＥＵがマイケル・ウォルツァーの言うところの「道徳的共同体」と「法的共同体」の間で増大するギャップに現在、直面していることに異論を唱える者はほとんどいない。(6) ＥＵという法的共同体は、カナリア諸島からポーランドの東側の国境、そしてマルタからラップランドに広がっている。（市民および消費者としての）ヨーロッパ人は、ブリュッセルで行われた決定に影響を受けることがさらに多くなっている。しかしながらEUが真正の道徳共同体、すなわち愛着、「ケア」、そして重要な政治的関心さえも刺激する存在であると考えている市民は、ごく少数派である。つまりこの超国家的、正体不明（unidentified）の存在には、「全体としての市民体（Civic Body）のためのアイデンティティ・メカニズム」と哲学者たちが称しているものが欠けているのである。(7)

憲法パトリオティズムの概念がヨーロッパの中でますます議論されていることは、たとえその正確な関連性が支持者によって必ずしも十分に説明されていないとしても、このような背景――明らかとなった同一化や愛着の欠如――に基づいている。事実、ヨーロッパ憲法パトリオティズムというヴィジョンは、多くの点で、明らかに馬鹿げたものと見えるのではないだろうか。エドマンド・バークの鋭い指摘が想起される。「人々はお互いに紙や印章によって結び付けられることはない。類似、一致、共感によって結び付くのである。諸個人の場合がそうであるように、諸国家も同様である」（ここではヨーロッパが想起されるだろう）。

しかし、たとえ紙と印章によって人々が結び付けられるとしても、ヨーロッパの市民はいかなる憲法にパトリオティックになると考えられるであろうか。八万ページ以上のEUのルールや規則、すなわちアキ・コミュノテール（*acquis communautaire*）にであろうか。二一世紀初頭に試みられた条文数の少ない憲法（アメリカ憲法ほどは簡潔ではない）にであろうか。またヨーロッパ人は

EU賛歌によって胸を熱くすべきなのであろうか。人造物と悪名高い、星が光る青色のEU旗やその他のシンボルへの忠誠を誓うべきなのだろうか。もしそのようなアイデアが拒否された場合、ポスト・ナショナル（超国家《スプラナショナル》）化は、「ポスト感情」（またおそらくは超感情《スプラエモーショナル》）化にはならないのだろうか。感情は、国民国家を超えて、民主主義のために作用するようにはならないのであろうか。

次に、以上のことについては、外敵または内敵によって脅かされていると感じている国々において、何が「パトリオティックな行為」を構成するかという――いくらかより緊急であると思われ、また疑いもなく現実的な――問題もある。アメリカ合衆国では、反対することだけでなく、市民的不服従に対しても重要な自由の余地を付与するようなパトリオティズムの構想を多くの人たちが模索し続けた。だが「反対はパトリオティックである」と何度も繰り返すだけでは十分ではない。パトリオティズムは、「パトリオティズムの真空理論」と呼ばれるものに固執しないのであれば、一国に対する道徳的ヴィジョンよりも大きな、おそらくグローバルなヴィジョンにでもリンクしなければならないだろう。すなわち光の力がパトリオティックな語りとの関係を築くことができなければ、そのトピックは暗黒の力に捕獲されてしまうと考えられる。しかしこれは誤っているかもしれない。いかなるパトリオティックな語りも、反リベラルな傾向を避けるというよりも、むしろ促すかもしれない。

最後に——簡潔に言えば——憲法パトリオティズムは、分断された戦後社会における帰属の一形態として主張されたものでもある。例えばボスニア・ムスリムのリーダーは、まさに汎ボスニア憲法パトリオティズムを主張したのである。しかしこのアイデアは奇妙ではないかと多くの人は考えるのではないだろうか。なぜならバルカン半島について最も楽観的に観察している者でさえ、ボスニア憲法は、複雑に絡み合う、「多極共存型の」法的怪物であり、それは生きている人間を単一の「民族アイデンティティ」(または『内戦アイデンティティ』)の中に凍結させると認めるだろうからである。[8] これが野心的過ぎると見えるとしても、共存の方法を(誰が帰属し、帰属すべきではないか)決定するために一種の「市民ミニマム」を確立しようと試みている、ますます多様化する住民を抱える確立した民主主義において、憲法パトリオティズムが鍵となると考えることは理に適っていないわけではない。

憲法パトリオティズムというアイデアには数多くの(一見、矛盾したように思えるものが多いが)疑念が提示されてきた。一方では、(民主的な政治忠誠のポスト・ナショナルで普遍主義的形態として理解された)憲法パトリオティズムは、その抽象的性格ゆえ、またとりわけ適切とは言えないメタファーであるが、「血の気のない」性質を有しているがために拒絶されることもある。憲法パトリオティズムの中核が普遍的な道徳であるとするならば、批判者たちは特定の政体と結びつけて考える理由はないと主張することになろう。言い換えれば、憲法パトリオティズムは、（立憲主義概念による）普遍的な部分が、（パトリオティズム概念による）忠誠の観念を常に追い払おうとするといった、一種の野心的な撞着語法であると非難されるのである。

しかしながら第二の批判は、第一の批判とはまさに反対方向からなされている。つまり憲法パトリオティズムは一見、普遍的に見えるが、実際のところ、まったくもって特殊なものではないのかと批判されるのである。「系譜学的」批判と称される批判によれば、憲法パトリオティズムはその発生地、すなわち西ドイツ、ナチスという過去のために極めて妥協的なナショナリティを有した「分割された国家」という文脈だからこそ有効であったと主張される。「しかし」、とその批判は次のように続ける。他国ではドイツと比較しうる困難な過去が存在せず、それゆえリベラル・ナショナリズム、すなわち具体的で、情熱的で、生き生きとしている一方で、リベラリズムによってチェックされ続けているナショナリズムの形態がうまくその役割を果たしているのである。その他、ドイツ以外の国々では、憲法を有しないか（またはイギリスやイスラエルのように、少なくとも成文憲法を有しない）、ドイツ人が民主的忠誠を尽くすような（実際は違うのかもしれないが）仕方で民主的忠誠の中心点としての憲法を崇めないとされる。つまり系譜学的批判からすれば、憲法パトリオティズムは普遍を装った特殊主義の一種であり、「ヨーロッパ憲法パトリオティズム」の支持者の思い通りになるのであれば、それはヨーロッパ全体に押し付けられることになる。奇妙な仕方で、トーマス・マンの悪夢「ヨーロッパのドイツではなく、ドイツのヨーロッパ」が現実のものとなる。[9]

憲法パトリオティズムの概念のような面白みに欠く概念をめぐって、これほどまでに対立した議論が行われていることはいくぶん驚きである。一方では、憲法パトリオティズムを無鉄砲とまでは言わないが、素朴に理想主義的なのだと片づける者もいる。例えばドイツ連邦憲法裁判所の元裁判官は「ゼミ室で生まれた血の気のない思想」と述べたことがある。ヨーロッパの著名なジャーナリストの一人であるヨアヒム・フェストによれば、憲法パトリオティズムは典型的に「机の上で大学教授が発見したアイデアの一種であり、教授間での議論の対象となるに過ぎない」とされ、結論として「美しいアイデアだが、そのように感じる人がいない以上、影響力はない」とされた。言い換えれば、憲法パトリオティズムに関して、「人々」はイギリス人、インド人、アイルランド系アメリカ人、セルビア系ボスニア人にはなりたいが、「憲法的パトリオティスト」になりたいわけではないのである。

しかしながら、アメリカ人ならば、政治理論の教授が苦心してこの専門的なアイデアを説明する場合に、「もちろん。いつも私たちがやっていることですよ」と返すであろう。それにアメリカの「綱領」は、憲法パトリオティズムの提唱者に暗黙に参照され続けて来たのではないだろうか。このことは一九八〇年代後半に憲法パトリオティズムを初めて社会に広め、同質的な民族による国民国家という観念からのドイツ人（そしてヨーロッパの国々の人々）の離脱を切望していたユルゲン・ハーバーマスのようなヨーロッパの思想家たちにとりわけあてはまる。同質的な民族による国民国家という社会的結束以外の途もあると、ハーバーマスを含む哲学者たちは、指摘し続けていたように思える。そしてその成否は大西洋を渡ってみれば分かるとも。ジョン・H・シャーがかつて「契約されたパトリオティズム」と名付けたものがある国を見さえすればよいと。

しかしこのような状況は、最近ではかなり変わったように見える。ジェファーソンの「自由の帝国」、エマーソンの「すべての国民の避難所」のように、民族に拘泥せず、構成上オープンで、リベラルな普遍主義的であるアメリカに対して、国家主義的なヨーロッパという構図は、まったく正反対のものに変わった。すなわちポスト・ナショナルで、ポストモダンで、ポスト英雄的なヨーロッパに対して、アメリカは民族主義的ナショナリズムと同一化するため、非常に規範上大きな問題のある、攻撃的な方法を用いているとされている。アメリカ市民の「綱領」は、ルイス・ハーツの「強迫的ナショナリズム」と当初から結びついてきたことがにわかに明らかとなったのである。[10]

このようなことから、憲法パトリオティズム概念の第二の考えも生み出されるかもしれない。憲法パトリオティズムはそもそも潜在的に非リベラルであり、権威主義的で、ポストモダニストが言うように「標準化させる」ものなのではなかろうか。市民的忠誠は、結局のところ、真の個人性と対立するものではなかろうか。マッキンタイアが正しいとすると、なぜ「道徳的危機」の源泉を正当化し、強化しさえする諸議論を長々と論じる必要があるのだろうか。

しかし、その必要性はどうやらありそうである。かなり観念的なレベルにおいて「社会統合」と称されるものが、多くの国々で、国を越えて、様々な根拠、そして様々な形態において問題となり、あまり含みを持たせずに表現すれば、課題となった。ただしEUのような「地域統合」は移民やマイノリティの「統合」と同じではない。グローバリゼーションを通じて、「帰属意識」として、集団的アイデンティティの型の変更に、政治的、法的、少なくとも感情的に関係性を有するもののニーズが高くなっているという考えが普及している。主権は、とある学者が表現するように「ボロボロ」になり、シティズンシップも「バラバラ」になった。[11] トッド・ギットリンが合衆国について観察したこと（国境がイデオロギーに基づくがゆえに論争的で、そして抜け道も多いことから、帰属が意味することについての不安が招来していること）が今やさらに多くの国々に当てはまると言えるだろう。[12] 世界はすべてアメリカ化しつつある。あまり芝居掛からず（脅迫にならないよう、人によっては疑念のないよう）に述べれば、ほぼすべての国において個人および集団の「帰属」を概念化するのは、より困難となった。つまり市民的紐帯は疑問視されているのである。

しかしながらこれは誇張しすぎているかもしれない。その昔、人々には、今より「世界の中で安住している」感覚があったのだろうか。ヨーロッパの例だけをとっても、二〇世紀だけでも国境の度重なる変動と、時に「三つの恐怖」と呼ばれるもの、つまり（住民の）根絶、追放、交換とによって特徴づけられるが、その時代に、メンバーシップの持つ道徳性が問題とはならなかったのだろうか。もっとも、内戦の総数の増加、人々の移動の大幅な増加にも関わらず、メンバーシップは様々な文脈で昔よりも安定的となったことは確かである。

以上のことから指摘できることは、政治理論が過去に関する心休まる（もしくは不安にさせる）物語を語ることによって、それが低俗なものになってはならないことである。しかし政治理論は、市民が共有し、または共有しないもの、また共有すべきであろうものについて、彼らに再考を促す概念や言語を供給すべきである。ナショナリストは何世紀にわたりこのことを行って来たのである。コスモポリタンもナショナリストとは異なる物語を語り始めた。本書では、リベラル・ナショナリズムとコスモポリタニズムとの間に、それら双方の中心に位置する、もっとも魅力的な道徳的直観を組み込んだ構想が存在する余地（と根拠）があることを示したい。とりわけ憲法パトリオティズムは、社会学的により説得力があり、また主要な「同族的」ライバルであるリベラル・ナショナリズムよりもリベラルな政治的帰結を導くことのできる手法で、市民の紐帯を理論付けることができると主張したい。リベラル・ナショナリストは、憲法パトリオティズムにおける仮想的な「抽象性」を指摘し騒ぎ立てているが、彼らの理論（単一の「国民文化」）が中心的対象として想定しているものは、実際上、憲法を核とする一連の規範的コミットメントよりも抽象的である。イギリスやカナダといった国々のように、寛容というリベラルな遺産があれば、ナショナリズムはリベラル・デモクラシーにとって危険性はないものとなるが、リベラル・ナショナリズムはこのような遺産に（現存しているかについては示すことなく）暗黙裡に依拠してしまうことが多い。これに対して憲法パトリオティズムは政治体制の維持、そしてその異議申し立てのために、具体的な規範的源泉（規範と価値）を提供しているのである。

一見すると、大して差がないように見える学問的差異が、なぜ問題となるのであろうか。その理由は、集団としての民族上の自己明確化（「我々は誰になりたいのか」）のために我々が用いる言語が、まさに現実の政策の結果にとって重要だからである。「国民文化」を本質的に具体化するリベラル・ナショナリズムは、高度に同化主義的な移民や統合政策を選択する傾向がある。同時に政治上の反対意見に対して制限を加えたり、次のような主張を行う傾向がある。例えば英雄的なナショナル・ヒストリーは、「国家としての誇り」の源泉として奉仕する必要があることから、疑問を差し挟めないと。

概観

本書は憲法パトリオティズム概念の概要から始める。かつての概念の使用方法を収集したり、概念の使用状況の具体例に注目するわけではない。むしろ、上述した憲法パトリオティズムの「系譜学的」批判と私が呼んだものを真剣に考察する手法である。系譜学的批判には、説得力がないわけではない。立憲主義やパトリオティズムは、ドイツ人によって発明されたわけではもちろんないが、リベラル・ナショナリズムや共和主義的パトリオティズムからは距離を置く理論として、まさに戦後の西ドイツにおいて最も明確に作り上げられたのであり、そしてそれは明確に認められる歴史的理由による。

さらに（最も精通した研究者にとってもそれほど明らかなことではなかったが）憲法パトリオ

ティズムは、過去のナショナリストに対する普遍主義者からの単なる応答というよりも、政治的愛着の一形態として機能するために、「特殊性の補完物」を常に必要としていた。[13] ドイツの文脈において、憲法パトリオティズムには、簡潔な表現を用いれば、「記憶」と「闘争性」と私が呼んでいるものがかなり含まれていた。記憶とは、主に過去のホロコーストやナチスについての自己批判的な回想である。これに対して闘争性とは、民主主義の敵に対して示されたものであり、政党の禁止や自由な言論の制限といったような司法的手段を通じて多くは行われた。すなわち闘う民主主義とは、明らかに、それ自体の諸原則や諸価値について、中立的ではなく、それらに対して敵対的な（または敵対的と認められる）ものに対する強力なチェックを行うことである。

憲法パトリオティズムの信奉者によって構想されているものとしての政治的エージェンシーは、一連の普遍主義的規範によって動かされているが、特定の経験や関心事によって豊かなものとなったり、強化されると考えられてきた。このような特定の経験と関心事は、二つの「否定的対照関係」と称されるもの、すなわち過去の蛮行と現在の民主主義との対照、そして実際上も潜在的に存在する反民主主義的挑戦と現在の民主主義との対照に集中していたのである。

記憶と闘争性は、憲法パトリオティズムと結び付く特殊性の偶有的形態ではなく、むしろ憲法パトリオティズムの普遍主義的核心とそれらの間には内在的な規範的に結び付きが存在している。

「アイデンティティの語り」として説明すれば、「アイデンティティ」は、拒絶された過去、また現在の（あるいは将来における潜在的な）反民主主義的な政治アクターとの否定的対照関係を通じて、記憶と闘争性によって強化（そして定義）される。積極的な政治的諸原理は、このような否定的対照関係を含意しているはずであるが、だからといって必ずしもあらゆる形態の憲法パトリオティズムにおいて記憶と闘争性に重きを置かなければならないわけではない。言い換えれば、つまり我々の時代において最もよく知られている決まり文句と対比させ表現すれば、必ずしもすべての「アイデンティティ」が第一次的に「他者」を通じて「構築」される必要があるわけではない。それゆえ、憲法パトリオティズムに関して系譜学的に批判したとしても、それ自体によって、概念の意義は失われないと考えられる。しかしながら、記憶と闘争性が反リベラルな側面を有していることは否定できず、強調し過ぎるのは得策ではないだろう。そしてEUに関する私の議論の文脈において、このような落とし穴について詳しく言及するつもりである。

　次に憲法パトリオティズムのより一般的な理論に話題を移す。それは、憲法パトリオティズムの理論がそれ自体として規定できることの限界をできる限り明確にすることも目的としている。ここで明らかにされているように、憲法パトリオティズムは、独特の道徳的提案であるが、その適用には限界がある。とりわけ憲法パトリオティズムは、それ自体が正義論ではない。従来から言われてきたように、規範的に依存した概念であり、実体的な規範的内容を獲得するために、広範な正義論に依存している。[14] この点で、私が提示したいのは、憲法パトリオティズムを公正な条項に基づく政治的空間の共有という考えを中心とする道徳的背景理論に結合させることによって、憲法パトリオティズムを道徳的に読解することである。憲法パトリオティズムをこれとは異なる正義の背景理論に規範的に従属させる別のヴァージョンを提示することはまったくもっともなことである。ただし、憲法パトリオティズムを、いわゆる「純粋に実証主義者」的に読み解くことは妥当ではない。そのような実証主義からすれば、継続する政治的協定に愛着を有している人々を観察する度に、我々は規範的特定化をしなくても、「憲法パトリオティズム」を有していることになるだろう。

憲法パトリオティズムの概念に関する従来の議論において、一体、憲法パトリオティズムとは何なのかといった最も基本的な問題さえ、明確ではないことが多い。部分的に(家族やその他の特別な道徳的関係との共通点を利用する)リベラル・ナショナリズムとのアナロジーを通じて、「愛着」、または「アイデンティティ」、そして「同一化への抵抗」としての憲法パトリオティズムという説明がかなり一般的であった。[15] リベラル・ナショナリストが、次のような考え方に基づいているのは少なくとも明確であった。すなわち、ナショナル・アイデンティティがまずは存在し、そして「仲間意識」に基づく特定の政治道徳は、多少、直接的な方法で、そのようなアイデンティティから「生じる」とされていると。[16] 他方、憲法パトリオティズムの支持者は、次のようなことについて明らかにすることはかなり困難であることを認識していた。すなわち、何が最初に来るのか。特定の政治的境遇で実現される普遍的な諸価値への「愛着」か。または、特定の政体がリベラル・デモクラティックな普遍主義として我々が理解しているものの一定の基準に合致する限り、市民的忠誠の一種の対象とされうる、また対象とすべき政体がまずは最初に来るのか。[17]

憲法パトリオティズム理論が奉仕するとされる特定の全体的目的は何かについても、多くの場合、明らかではない。憲法パトリオティズムは、政治的行動の予測を安定させるものなのか。すなわち、究極的には、政治的安定性を生み出す手法の一つの説明なのか。別な表現をすれば、憲法パトリオティズムは本質的に、深刻な不一致によって分断された社会の安定化を最終的に確保するとされる政治的リベラリズムの一種なのか。または憲法パトリオティズムは、実際のところ、いわゆる市民のエンパワーメントの一形態なのか。言い換えれば、憲法パトリオティズムは、政治的原理への愛着を、(例えば市民的不服従を通じて) 政府に反対する、また不安定化させるといった類いの政治的行為へ潜在的には転化させるのだろうか。特定の政体や価値の問題について言えば、憲法パトリオティズムの概念の明確化に興味がある者ならば、次のような優先順位について尋ねるのが正当である。すなわち、安定性が先か、エンパワーメントが先か。もし両者が同時に進行するのであるならば、その可能性の条件は何か。これらは、より総論的な章で取り上げる問題である。そこでは、憲法パトリオティズムは、いわばヤヌスの顔のように二面的であり、安定性および市民のエンパワーメントに向けられていると提案する。

最終章では、多くの政治思想家によれば、憲法パトリオティズムは非常に魅力的であり、少なくとも有用であると見える点について検討する。EUを例とした、超国家的な「帰属」という挑戦。ヨーロッパの憲法パトリオティズムについてのかなり複雑な議論については、最終章で展開するつもりであるので、今の段階ではあまり言及しない。しかし、私が最終章で提示したいのは、これらの問題について別様に考える仕方であり、時に学者たちがブリュッセルのためにと躍起になりすぎているような仕方で明快な政策を処方することではない。読者（願わくば市民）は、そもそもその機会があるとすれば、これらの考えがどこで採用されるべきかを決定しなければならないだろう。

最後に、大いなる恐怖の種となる「方法」について簡単に述べる。ここには明確にすべき二つの説明が並んでいる。まず第一に、リベラル・ナショナリズム、憲法パトリオティズム、そして類似の概念の議論は、大抵、次のような流れに沿った結論にたどり着くように見える。「そうですね。私はもう少し感情的な立場を採用しています」。それに対して、「そうですね。私は理性だけで」との発言が予想される。もう少し真面目に言えば、このような議論は、例えば、連帯を動機付け、市民がリベラル・デモクラティックな制度を擁護したいと仕向けるような理性と感情の正しい道徳的・心理学的な「混合物」を生み出す非常に複雑な経験調査が実際になければ、究極的には結論が出ないように思われる。政治および法理論家は時に経験的アプローチを早々と捨て去ってしまう一方で、今回のケースにおいてそのような明快な結果が早晩現れることはないであろうと考えることは（控えめに言って）それほど悲観的ではない。したがって、どのような道徳的・心理学的仮説が、忠誠、愛着、帰属意識に関する議論に導入されるか、一般的にそれらの仮説がどの程度信頼しうるのか、そのような仮説がなくても、どこまでやって行けるのかついても、できる限り明確にしなければならない。

第二に、ポスト・ナショナルな、またはコスモポリタンな政治的愛着の一形態についての議論において、とりわけEUのケースでは、その反対者には事実を価値に作り替える（支持者、中でも熱心な者は価値を事実に作り変えるのだが）というあまり好ましいとは思えない傾向が見られる。本書の以下での議論は、残念ながら、確かに事実に関係する部分も、価値に関係する部分もある。しかしながら、少なくとも両者の関係性については明らかにするよう努めるつもりである。

第一章　憲法パトリオティズムの略歴

いかなる集団的アイデンティティも、ポスト・ナショナルなアイデンティティも、その結晶化の中核となる道徳的、法的、そして政治的原理の集合よりも、ずっと具体的なものである。

ユルゲン・ハーバーマス

「人間なるもの」とは、実際のところは「ドイツ人」である。

マルクス／エンゲルス『ドイツ・イデオロギー』

立憲主義、そしてパトリオティズムも、ドイツ人が考え出したわけではない。しかしながら、憲法パトリオティズムは、リベラル・ナショナリズム、伝統的な共和主義的パトリオティズム、コスモポリタニズムとは距離を持った理論として、戦後の西ドイツにおいて最も精巧に作り上げられた。批判者たちは憲法パトリオティズムがもっぱらドイツ固有の諸問題への応答であると飽きもせず主張しているが、それは誤りである。すなわち西ヨーロッパ諸国は（分断されていない国々でさえ）、「統合」と社会的連帯という課題に直面していた。安定的な民主主義を作り上げ、両大戦中の政治的崩壊を避けるためにはどのようにすればよかったのだろうか。様々な階級、宗教、民族集団に分裂した国々において、市民の連帯意識を育て上げるためにはどのようにすればよかったのか。カール・シュミットの古典的な問題(1)を取り上げれば、新しい民主主義的な憲法の番人は誰なのだろうか。共産主義との対立、それと同時期に起こった脱植民地化への要求によって、ヨーロッパ大陸の西側における国家の自己理解は、どのような影響を受けたのだろうか。

ドイツ人の罪の意識から生まれた憲法パトリオティズム
——自由なコミュニケーションから共和主義的忠誠へ

憲法パトリオティズムというアイデアは、後にユルゲン・ハーバーマスの思想の中に見られるようになるが、その根源的なルーツは、戦後直ぐに活躍した自由主義的哲学者カール・ヤスパースの政治的仲裁まで遡ることができる。[2] 彼の有名な著書『ドイツ人の罪責問題』で、ヤスパースは刑事上、道徳上、政治上、そして形而上学上の罪責の間に根本的な区別を付けた。刑事上、道徳上の罪責の概念はほぼ字義通りの意味であるが、ヤスパースの構想における政治上の罪責は、非道かつ不正な体制の中にいる人々すべてに関係するとされる。そして形而上学上の罪責とは、あらゆる人間の中に存在するとヤスパースが想定する深層レベルの連帯が崩壊することを指している。

このような文脈で、ヤスパースも「集団的責任[3]」観念を主張したのである。しかし彼自身、そして多くの人々が感じ取った非難としての「集団的罪責」観念がドイツ人に対して向けられたことについて、彼は反対した。同時期に彼は集団的責任とドイツ人の統一を結び付けて考えていた。ヤスパースによれば、民主的な政治アイデンティティ、そして適切な社会統合は、ドイツ人が集団的責任を引き受けて初めて達成しうるとされた。彼にとって、負の過去は社会的団結の源泉となり得たのである。実際、彼はドイツの場合、過去に向き合わなければ、社会的団結は不可能ではないにしても、容易くないと考えていた。

しかしながら、ヤスパースが用いる、集団的責任を負う命令の制度的表現という説明は、曖昧さを拭い切れない。ドイツ人はもはや国民国家を失ってしまったのだろうか。もしそうであるならば、ヤスパースが「世界市民としての真のドイツ人」と称するものの出現が待たれているのであり、またそれほど有望とは思えないが、コスモポリタンな観点から言えば、「パーリア」の民としてのユダヤ人をドイツ人が取って代わる結果さえ生ずることになるだろう。もしくはドイツ国家は一定期間だけでも「パーリア」となり、政治的・道徳的「浄化」期間の後、潜在的に独立国家を取り戻し、新しい形のポスト・ナショナルな独立国家となるべきであったのだろうか。[4] 第一の選択肢は、ハンナ・アーレントへの手紙に記されたヤスパースの見解によって示されている。それによれば「ドイツは、国家として破滅に至った初めての国である」。しかし彼は「今や、かのドイツは崩壊しているが、初めて私は気が楽になっている」[5] とも告白している。

実際、ヤスパースが「過去を通じた作業」という考えと新しい種類のコスモポリタニズムをリンクさせて考えているのは明らかである。すなわち絶えず論争の的となっている記憶のプロジェクトと「コスモポリタンなメンバーシップ」という考えは分離できない。たとえ「コスモポリタンなメンバーシップ」の正確な内容が不明確なままであるとしてもである。ヤスパースは、師であるマックス・ウェーバーから借用して彼が以前に主張したナショナリズムを拒否し、ドイツ人にとっては、リベラルな政治的アイデンティティと国民国家の枠組みが手を組む可能性を明確に否定している。彼の主張によれば、個人の良心の問題、ドイツ人の罪を扱う唯一の方法は、相互の道徳的非難ではなく、「自由な公的コミュニケーション」、そして「苦闘の連帯」と彼が呼ぶものを通じてしかないとされる。[6] 等しい者達の間での自由なコミュニケーションという彼の哲学に根を有する主張は、記憶と民主的政治文化の間のさらに緊密な関連を作り出そうとした知識人、彼の門下生であるドルフ・シュテルンベルガーによって、またその後キーパーソンとなるユルゲン・ハーバーマスによって取り上げられることになった。[7]

結局、ヤスパースが政治にあまり関心を示さない思想家に過ぎなかったと断言するのは適切ではないであろう。彼が擁護する集団的責任と民主的なシティズンシップの間の関連性を表すような長く続く制度的（心を動かすような）表現を彼は見つけることができなかった。しかし戦争の後遺症の下で、権威主義的なものでないにしても、強力な政府によって常に確保されなければならない安定性とは異なり、政治的安定性が特定の市民アイデンティティ、または道徳的な集団的アイデンティティによって確保されるかどうかという問題に関心があった理論家は彼だけではない。結局のところ、戦後の西ドイツの政治思想家および法思想家たちは、ワイマール共和国の失敗に苦悩していた。ドイツにおける初めての共和国は、当時、世界で最も進歩的であると称された憲法に依拠していたが、ワイマールは「民主主義者なき民主主義」であり、多くの観察者の目には、最も民主的な憲法の条項、すなわち民主主義の敵によって濫用されることになった条項とメカニズムによって、ワイマールは部分的に弱体化させられたと見ていた。したがって戦後の思想家たちは、適切なリベラル民主主義的憲法が、連合国の支援に依らずに、西ドイツのような一国（ないし半分の国）において、果たして生き延びることができるのかどうか憂慮していた。

誰が民主主義の敵から憲法を擁護するのかというカール・シュミットの提起した問題が、多くの戦後の法的論争において中心的な位置を占めたのは、驚きに値しない。このような番人の候補者としては、強い大統領（シュミット自身はこれを候補としている）から、国家官僚制、さらに労働組合にまで及ぶ。しかしながら、その後すぐに憲法裁判所が民主主義の敵に対して、それを擁護する役割を担う主要なライバルとして出現した。このような方向性を決定付けたのは、一九五八年のいわゆるリュート判決である。判決の中で憲法裁判所は、諸基本権において具体化された「客観的な諸原則」は法秩序全体に浸透していると判示した。この判決によって、憲法裁判所は、あらゆる法的・政治的決定に対する司法審査は正当であるという立場に自ら立つことになった。

しかし憲法裁判所は、いかにして市民が「国家を我が家のように感じ」（ドイツ語でうまく表現すれば“Sich-in-diesem-Staat-zu-Hause-Fühlen”であるが）させられるかという問題に取り組み始めた。このような潜在的な「市民的ホームレス」に向けられた関心に取り組むのに適している主たる法学的アプローチは、ルドルフ・スメントによって初めて提唱された「統合理論」であった(8)。スメントは、ワイマール共和国時代における法実証主義の反対者として最も重要な一人である。彼によれば、政治的統合を真にダイナミックなプロセスとして理解するために、法律家は法理論と社会学の結合に依拠すべきであるとされた。このような文脈で、彼は統合の人的、機能的、そして客観的要因を区別した。人的要因とは、君主または強力な議会指導者であろうとなかろうと、人格に関係し、機能的要因とは議会のような諸制度に関係しているとされた。そして客観的要因については、国家に対して防御的方向性を有するというよりは、共有された政治的価値や原則を具体化すると理解された基本法や諸自由が言及されていた。さらに民主的統合は国民投票《プレビシット》、とくに彼が「民主的シンボル」と称するものを通じて最もうまく達成されるであろうと考えていた。そのようなシンボルには、国旗や国歌だけでなく、国家領土も含まれる。もちろん政治システムにおける一般的な信頼や誇りこそ決定的に重要であるとされた。

一九二〇年代にスメントがリベラル・デモクラシーとのアンビバレントな関係にあったことを想起する必要がある。少なくとも、彼はムッソリーニのファシズムが民主的統合を達成するのにより効果的な方法であると考えるに至っていた。しかしながら、戦後、新しい民主的憲法を支持する最も重要な法理論家の一人にスメントはなった。彼、そして彼の多くの信奉者は、当時、政治形態に社会学的・文化的焦点を当てることを支持していた。彼らにとって、憲法とはまさに政治的秩序の中心的存在であった。「統合」という問題から見て、さらに重要なことは、憲法典が特定の国の政治文化や伝統に由来する価値秩序を具体化しているということであった。憲法裁判所の判断は、少なくともスメントによれば明確に階層化されている当該価値に依拠していなければならなかった。それゆえ憲法裁判所の審議および判断自体は、「裁判官による統治」を通じて社会統合を疎外するというよりも、それに寄与することになるであろう。市民も自らの政治システムをよりよく理解し、その諸機関と一体感を保持することになると想定される。

以上のことから、憲法典は、法理論上、また実際上も、戦後のドイツ人の政治に関する思考において極めて特殊な地位を占めた。ワイマール憲法は当初、知的かつ政治的な偉業であると考えられており、結果として壊滅的な失敗という事態も経験しているが、一九四五年以降は、当初とはほぼ正反対の方向に進んだ。法理論家たちは、当初、憲法典には構造上問題があると考えていた。それは憲法条文が外から押し付けられ、ほとんど世間に知らされずに審議され、民主主義への重大な脅威に抵抗し得ないと想定されたからであった。しかし時の経過とともに、憲法典は立ち直りを見せ、政治生活を秩序づける点においても重大な関連性を有することが明らかになった[9]。実際、憲法裁判所は中央銀行とともにドイツにおける最も尊敬される機関に発展したのである。

このような背景があったからこそ、政治学者のドルフ・シュテルンベルガーはドイツ連邦共和国建国三〇周年の際に憲法パトリオティズムの観念を明らかにしたのである。[10] 彼はヤスパースの親しい友人であり、戦後、西ドイツにおける民主的政治理論の第一人者であった。早くも一九五九年に、彼は「立憲国家におけるパトリオティックな心情」について考えを巡らせていた。一九六〇年代の初めには、国家友愛（*Staatsfreundschaft*）［国家との友愛、または、むしろ国家に対する友情］の観念へと発展させた。一九七〇年代には、憲法パトリオティズム（*Verfassungspatriotism*）という言葉自体が初めて現れた。[11] この「国家友愛」というかなりぎこちない名称から、彼は「情念の合理性」という新しい名称を構想した。これは市民的理性の一種であり、これによって市民は民主的国家と一体感を有し、少なくとも国家の敵から民主的国家を守るように変わるとされた。[12]

憲法パトリオティズムの構想に理論的一貫性を与えるために、シュテルンベルガーは、アリストテレスおよびハンナ・アーレントの共和主義を利用している。歴史的な信頼性を付与するために、アリストテレス（ネーションに結びつくことはないと彼は主張する）へ遡るパトリオティズムの伝統を掘り起こしていた。彼によれば、少なくとも一八世紀の終わりまで、パトリオティズムの多くの形態は（諸法や共通の諸自由への愛着として理解された）憲法パトリオティズムであったという。別の言い方をすれば、憲法パトリオティズムは、前国家的パトリオティズムへの回帰として理解されるべきであった。

しかし、シュテルンベルガーは国民国家という従来の概念を超越しようと試みていたが、ドイツ人にとって親しみのある伝統としての国家社会主義体制に対して相応の負い目があったことを否定するのは難しいであろう。一九〇七年生まれの彼は、ワイマールの失敗という経験にかなり怯えていた。彼が当初、国家への忠誠、そして憲法においても保障されている特定の市民的諸自由や社会権よりも法の支配にいくらか限定して焦点を当てていたことは驚くに値しない。憲法パトリオティズムは、市民のエンパワーメントの一形態を意味するのではないのは明らかであった。それはドイツの政治理論家が、翻訳し得ない言い回しと言ってよいだろう国家意識（*Staatsbewußtsein*）――「国家に帰属しているという意識」――と称するものの一形態にずっと近いものであった。

シュテルンベルガーが政治体制を擁護するために「憲法の友」を明示的に訴えたことも驚くに値しない。それゆえ憲法パトリオティズムを闘う（*wehrhafte* または *streitbare*）民主主義（すなわち内外の敵に対して自身を守る能力を有する「闘う民主主義」）の概念と結び付けている。[13] 例えば作家のハインリッヒ・ベルが一九七二年に「バーダー・マインホフ・グループ」のウクリーネ・マインホフに「恩赦」を提案した際に、シュテルンベルガーは「民主的国家も国家であり［…］国家に国家の国家たるところを与えよ、ベル。」と言い放った。[14] それゆえシュテルンベルガーの「憲法の友」は、「憲法の敵」（一九七〇年代にテロリストや彼らを支援すると疑われた者たちに対して多く用いられた極めて論争的な概念）とは論争上、反対のものである。このような「憲法への敵意」という考えによって、市民的諸自由、とくに公務員への就業選択の制限は正当化され、今日に至るまで、憲法に反対したと疑われる人々に対処するために設計された非リベラルな立法の遺産が存在している。

そして憲法パトリオティズムは、一九三八年にドイツ人の亡命政治学者カール・レーベンシュタインによって初めて定義された概念である「闘う民主主義」と親密な関係を結ぶようになった。[15]当時、ヨーロッパの国は、民主主義を無力化するために民主的手段を用いる独裁政治運動によって次々に乗っ取られていった。レーベンシュタインは、民主主義が「民主主義的原理主義」「法に対する盲従」「法の支配の過度な形式主義」との関係を維持し続けるならば、ファシスト運動には対抗できないと主張した。[16]彼によれば、ファシズムは知的レベルでは真っ当な中身を有さないが、民主主義が太刀打ちできないような一種の「感情主義」に依拠しており、それこそが新たな試みであるとされた。したがって、民主主義には、政党や民兵の禁止といった反民主主義勢力に対する政治的・立法的解答が用意されなければならなかった。同時に集会・言論の権利、とくにファシズム運動を支援していると疑われる（「仲間に加わることにより有罪」となる）人々の活動が制限されなければならなかった。[17] レーベンシュタインの言葉によれば、「炎には炎をもって戦わなければならない」。炎は新しい「秩序ある」、さらに「独裁主義的」民主主義によってしか点火されることはないと彼はコメントしている。[18]

結果として、闘う民主主義の考えは、連邦共和国において大きな影響力を及ぼすようになった。一九五〇年代、憲法裁判所はこのような概念を用いて、社会主義ライヒ党や共産主義政党の禁止を正当化し、その後もテロリストの仲間に加わった（と疑われる）として有罪にされた人々に対する厳しい措置を正当化している。[19] 西ドイツ政府により継続的に用いられた憲法裁判所の判断およびそのレトリックを見ると、民主主義が右翼だけでなく、左翼に対しても戦闘的であるべきとされたことが明らかになる。換言すれば、戦闘性は、過去のナチズムという危険の復活だけでなく、東側の共産主義者からの脅威に対する「反全体主義」の一形態として創り上げられたのであった。権利の停止や制限（民主主義に奉仕するとされる反民主的規制）の法的基礎は、いわゆる自由で民主的な基本秩序であった。憲法裁判所は、一九五〇年代にこのフレーズを鋳造し、判決を通じて仕上げたのであった。この「秩序」は、憲法裁判所によれば、まさに法体系全体に反映されている諸価値から構成されているとされる。それゆえ、いわゆる「民主的反過激主義」、右翼および左翼からの対称的な脅威を想定したと定義される防衛的な立場が生じたのである。[20] しかしながら、このような反過激主義が、ナチスの過去への対処にほとんど役に立たなかった一方で、正当な反対者（とくに左翼の反対者）に対抗する手段に容易になりうると、当初から批判されていた。むしろソ連共産主義（それと疑われる外国人の諜報員）とナチズムの暗黙の同一視により、ナチズムの特殊悪が相対化されたようにも考えられる。

このような独特の法的伝統という背景と比較すると、シュテルンベルガーの「防御的憲法パトリオティズム」と称される概念の当初の目的が政治的安定性の確保であったことが明らかになるはずである。このような目的は、シュテルンベルガーが政治の究極の目的（または概念）、すなわち平和の確立として解釈したものに結果として寄与している。この種の防御的パトリオティズムには、政治的寛容はそれほど強くはないが、教育的要素が強く含まれていた。その道徳的本質は、市民が互いに権利を主張し合うだけでなく、国家も市民に対して主張しうるとされるアリストテレス的友愛の概念であった。

シュテルンベルガーの憲法パトリオティズムの感情的な絆は主として水平的というよりも垂直的なものと表現できよう。すなわち市民は、平和と保護された自由への利害関心を諸制度下におけるそれと同一視し、その結果、特定の具体的な諸制度に対して「配慮する」だろう。[21] 市民の愛着は、彼らがそのような特定の制度を擁護する継続的意志を表現するという意味において「政治的」であった。そしてこのような意志を呼び起こす感情とは、とりわけ制度を構築し、現在も所有しているという誇りである。したがって、このようなヴィジョンからすると、パトリオティズムとは、単純な絆、そして例外なく皆が持っている「本来の家にいる感覚」の類ではない。むしろ政治的な成功に依拠しており、この点、見逃してはならないのは、現実的または仮想的な政治上の敵との敵対的関係に依拠していることである。[22] 結局のところ、忠誠は、特定の憲法伝統の具体化としての政治的・法的制度の賜物であったのである。[23]

シュテルンベルガーの憲法パトリオティズムは、法的に連邦共和国の市民であり、それゆえ理論上、基本法に服している東ドイツの市民とのナショナルな連帯を排除するものではなかったことは強調すべきであろう。その意味で、憲法パトリオティズムは当初から「脱領土化」されていた。つまりパトリオティックな感情に与したいと考える憲法パトリオットがいる特定領土の外側の人々にも開かれていたのである。しかし彼の憲法パトリオティズムは特殊性を有していた。実際、特殊すぎると言われるであろう。結局、仮定の上ではあるが、東ドイツ人だけが憲法パトリオットのコミュニティに参加する地位にあり、そしてシュテルンベルガーの憲法パトリオティズムの構想では、西ドイツの極めて民族的なシティズンシップの定義が問題とされることはなかった。シュテルンベルガーの憲法パトリオティズムの支持者は、憲法パトリオティズムのための歴史的枠組み、そして民族的な枠組みさえも暗黙の前提としていたのである。[24]

ハーバーマスの憲法パトリオティズム――「合理的な集団のアイデンティティ」に向けて

ユルゲン・ハーバーマスが初めて彼の憲法パトリオティズムを提示したのは、一九八六年の、いわゆる「歴史家」論争の際である。[25] 純粋に歴史記述の次元でみれば、この極めて激しい論争は、国家社会主義とホロコーストがどこまで特異かについてのもので、とりわけスターリニズムとグラーグとの類似性を巡って展開された。しかし、政治的に見ると、論争に参加する者と観察者の多くは、真の問題はドイツ人の「集団的アイデンティティ」であると感じていた。とくにハーバーマスの主張では、多くの保守的な歴史家たちは、ドイツ人のアイデンティティを「標準化」し、国民の誇りを伝統的な形態へと回帰させているとされた。彼の見立てでは、このような新しい国民意識によって、政治システムの安定性、そして間接的には西側同盟国全体の安定性を強化しようとしているということであった。このような単純な国民の自尊心の形態に対して、ハーバーマスは西ドイツ人にとって唯一許容できる政治的同一化の形態として憲法パトリオティズムを主張したのである。

シュテルンベルガーと同様に、ハーバーマスは政治的諸原理の意識的な肯定として憲法パトリオティズムを描いた。しかし、市民的友愛を中心とした前国家的（そして前近代的）パトリオティズムへの回帰が問題なく実現可能であると考えていたわけではなかった。これは彼の広範な社会理論から導かれる結論であった。その社会理論は、ここでの単純化したヴァージョンにおいてはとくに単純な目的論的、あるいは極端に「合理主義的」であるという印象を与えるかもしれず、さらには本来の普遍的なものが「偏った」特殊なものに勝るというコールバーグ的な勝利の一種の例に過ぎないという印象を与えるかもしれない[26]。

　ここにシンプルではあるが、風刺的には描かれていない（と願いたい）理論がある。つまり近代世界への失望と、それを（政治的、経済的、美的）価値といった様々な領域へ複雑に分割することによって、アリストテレス的政体への直接的回帰は不可能となったと考えるのである。個人的、集団的アイデンティティは宗教的命令、もっとはっきり言うとナショナリストの命令を無批判に内面化することによっては、もはや形成されない（されるべきではない）。言い換えれば、祖国（パトリア）を含む疑似宗教的対象を何ら問題もなく持ち出すことは、もはや不可能であるとされる。その代わりに、失望し尽くした世界では、個人はローレンス・コールバーグの心理学的モデルに従い、ハーバーマスが「ポスト慣習的アイデンティティ」と称するものを発展させることとなる。出来る限り、偏りのない視点を採用し、自身の願望、そして社会や社会の中の特定の制度が突きつける慣習的な社会の期待から距離を置くようになる。個人がより広範な道徳的考慮に基づき、個人の欲望や他者からの期待を相対化するとき、アイデンティティは「脱中心化」される。

個人に生じることと同じ話は、社会のレベルでも展開すると言われている。[27] 市民に対する強制は、宗教的ないし疑似宗教的源泉を用いることによって、もはや正当化し得ない。すなわち、いずれにせよ、人民主権が、直接的、またはより間接的に、正統性の唯一の源泉となっている。宗教的正統性は、伝統主義、その他の明らかに超越的な権威の源泉と並んで、放棄されている（されなければならない）。民主主義は、本質的に普遍主義の核心を含む権利と自由を必要とする。しかしながら、自由と権利の実現には、特定の政体が不可欠となる。事実上、国民国家、すなわち近代世界で大規模な民主主義が出現するための前提となった唯一の政治的枠組みを必要とするのである。ただし、そのような普遍主義的規範内容は、早晩、必要とされる実現結果よりも過剰になるのが常である。

このように、ハーバーマスが称する「ポスト伝統社会」が現れるのである。この点については説明を追加する必要があるが、この概念は、特殊性が容赦なく排除されなければならないということや、宗教、伝統、「家族的価値」、その他の「慣習的な道徳」といった形態が単に取って代わられるということを意味するものではない。その代わり、これらは、不十分ながらも、基本的な市民権や憲法上の規範としてより一般的に表現される普遍主義的主張やパースペクティヴの観点から、少なくとも部分的には再解釈される。すなわち、市民は、共有された普遍的原理の名の下で、特定の伝統や集団的アイデンティティを批判的に反省することが求められている。このことは同時に、市民が自らの接する国の伝統を反省的に裏書きし、また拒絶することをも意味する。言い換えれば、理性という冷静な光は、伝統という薄暗くそして生暖かいものとして認知される対象をむき出しで不十分なものとして浮かび上がらせるような、永続的なまばゆい光であるとはされてはいない。むしろ、我々の生活をそれほど意識的にではないにせよ大部分形成する考え、スタイル、規範的枠組みからなる複雑な貯蔵庫をチェックし、必要があれば時に応じて整理するサーチライトのようなものとみなされている。ただし、我々は同時にすべてを取り替えることはしない。それは、完全に愛着のない「恐しいヴィジョン」、または政治哲学のジャーゴンとして使われているような「負荷なき自己」がここでは当てはまらないからである。[28] もしコミュニタリアンが好んでよく用いるメタファーを使い続けようとするならば、それは家をよい状態で維持・管理するという問題であり、哲学的に設定された家がない状態ではない。

それゆえ、以上のようなこと（もちろん大いに型にはめられているが）からすると、無条件、そして無反省的でさえある同一化は、アイデンティティ形成の動態的で複雑なプロセス、すなわち自由な政治的・法的学習プロセスに代替されるだろう。このような視角からすれば、それが国民であろうと、あるいは例えば歴史的に固有の憲法であろうとも、不変の「同一化の対象」は存在しない。重要なのは、一方では実際に存在する伝統や制度と、他方では洗練された最も普遍的な規範や考えとの間を、ある種の批判的で、非常に高度な自意識をもって往復することである。明確な同一化の対象は、愛着や忠誠心を、批判的な反省、必要な場合には修正、そしてさらなる修正に従属させる「ポスト慣習的」な立場よりも重要とは言えない。

社会の相互作用を通じて、個人のレベルで展開するには、集団的レベルでの緻密に交錯したコミュニケーション・プロセスが必要となる。可能な限り多孔的な公共圏においてこそ、集団的アイデンティティは再交渉されることになる。このような自由なコミュニケーションは、ハーバーマスが「集団的アイデンティティの合理化」――この言葉は、極端な合理主義者、または進歩主義者の立論スタイルとしてすでに現われていたものについての保守主義者による最悪の疑念を確認するために、観念上、選択されたのは間違いない――と称したものにとって決定的な前提条件である。疑いなく受け継いだ信念から批判的に距離を置くことは、非常によい考えであると言えるだろう。このような視角――「合理化」という疑似テクノクラシーに聞こえる言葉を暫く除去する――によって究極的にもたらされるものは、次のようなものである。それはすなわち、集合的学習過程から生じる社会の性格、そしてそのような過程をまず可能にするようなまさに手続きや具体的に存在する実践の両方へと、批判的愛着の感覚が形を変えられるということである。

したがって、この種の「合理化されたアイデンティティ」――適切な憲法パトリオティズムの出現――の形成のために特権を与えられるべき場所は、公共圏なのである。そのようなパトリオティズムの目的は、すでに言及したように、シュテルンベルガーのパトリオティズム――それは、用心深く、非常に防衛的で、いくらか神経質な形態のパトリオティズムであるが――の主たる目的であった政体の保護とは対照的に、公共的に主張されたことの規範的な純化であると言えるだろう。ここで最も重要な問題は、潜在的な非民主主義者、または公共善を蔑ろにする傾向を持つ人々の脅威から絶え間なく民主主義を擁護することではなく、政治文化という民主主義そのものの質についてである。

ハーバーマスによれば、ポスト慣習的、「再帰的」アイデンティティは、国家の伝統が大いに疑問視され、市民が歴史的連続性の認識について非常に揺れている状況である場合に生じ易かった。少なくとも彼によれば、典型例はもちろんドイツ連邦共和国であり、歴史的アイデンティティよりはむしろ、権利や民主主義的手続に焦点化してパトリオティズムの一形態を発展させてきたのである。すなわち西ドイツ人は、より抽象的なパトリオティズム、つまりパトリオティズム自体を超えて、かなり抽象的で包括的な政治的帰属の形態を発展させることができた。

そのため、ハーバーマスは、憲法パトリオティズムの構想の原型にかなり強力な普遍主義的要素を付け加えた。同時に、シュテルンベルガーの理論の国家主義的要素、そして若干の共和主義的要素を取り除こうとした。社会を超えて実存的にまたは形而上学的にさえ存在する実体として国家を捉える伝統的なドイツ人の考え方は、一方で、法治国家（*Rechtsstaat*）、立憲的で、法の支配を基礎とする国家によって、他方で、社会国家（*Sozialstaat*）、福祉国家に取って代わられることになった。前者は、普遍的な規範に力を与え、民主主義的手続を保障し、後者は、市民が実効的な政治参加を行うための物質的な基礎を提供することになった。最も重要なことは、シュテルンベルガーのパトリオティズムが、民主的制度を擁護することに中心を置いていたのに対し、ハーバーマスは市民間の公共的な理由付けのための場所を提供する公共圏を中心に置いていたことである。公共圏において、市民は、互いに自由かつ平等なものとして認識し合い、民主的学習プロセスに参加し、互いの主張を、パトリオティックに支持するまさに普遍的な諸原理に従わせることができるとされた。

領土、組織、そして(憲法上の敵に対する暴力も含む)正統な暴力の独占、このような国家の伝統的な参照点は、自由なコミュニケーション・プロセスを強調することによって取って代わられた。そのようなプロセスは、形式上は憲法を通じて保障された権利に、実質上は福祉国家を通じて提供される保障によって下支えされていた。シティズンシップは、受動的で、受け継がれたナショナリティよりも、自由かつ平等な市民間のコミュニケーション・プロセスへの実効的なアクセスから構成されている。シュテルンベルガーの市民的友愛が、本質的には国家に焦点を当てていたのに対し、ハーバーマスは、市民相互の承認へと至る自由な討議、そして相互学習のプロセスの結果としての市民連帯を構想していた。

このような議論の初期に、シアラン・クローニンが指摘したように、「コミュニケーション・プロセス」は、現実の政治的制度の外に未だ位置していた。[29] 社会の自己理解は、政治家、知識人、ジャーナリスト、そして学者間の議論によって形成されるものであった。そのような議論の典型例が、まさに歴史家論争それ自体であった。明らかに史実が何かという問題についての議論があったが、究極的な問いは「我々は誰になりたいか」、そして「アイデンティティの観点から、我々は我々自身を我々の過去にどのように位置づけたいのか」というものであった。つまり、アイデンティティは、帰属に関する「前政治的」基準よりも、規範を考慮した公的解釈に基づくべきであった。しかしながら、このことは、必ずしもナショナル・アイデンティティを「ポスト・ナショナル」なアイデンティティに置き換えるという単純な問題ではなかった。「アイデンティティ」自体は、脱中心化されなければならなかったし、一定程度、アンビバレントでなければならなかった。同時に、アイデンティティ形成のプロセス自体も、より開放的、動態的、流動的なものにしなければならなかった。

源泉、補完物、そして連帯

ハーバーマスによる憲法パトリオティズムの当初の構想においても、何年も後にアングロ・アメリカ系のリベラル・ナショナリストたちによる議論で再び取り上げられることになるものと同じ批判がすでに向けられていた。特に、数多くの批判者が、この構想が特定の政体に対する愛着を産み出すことができるのかを疑っていた。言い換えれば、ハーバーマスの理論において普遍主義的規範が中心的位置を占めるとき、はたして憲法パトリオティズムは特有のアイデンティティの拠点を築くことができるかどうかが疑問視された。結局のところ、「憲法の原理に優先するものが、その権威に従う者を決める」のである。[30] あるいは、なぜ普遍主義的倫理規範を支持する者は、それをより完全な意味で、あるいはより首尾一貫した方式で実現している政体に忠誠を尽くしてはならないのか、という疑問である。憲法パトリオティズムは、少なくとも一見したところでは、この疑問を想起させる。

ハーバーマス自身は、この問題に対する解答の一つを提示している。彼は、特定の——実際、独特の——国家社会主義の経験がドイツの憲法パトリオティズムにとっての内在的な参照点でなければならないと強調した。ナチズムの究極的な悪を経験してはじめて、ドイツ、少なくとも西ドイツは、最終的かつ完全に啓蒙され、西側諸国にしっかりと根を下ろすこととなった。ハーバーマスは「ドイツにおいて民主主義が、少なくとも若い世代の市民の動機と心に根をおろすことができたのは、アウシュビッツ以降のことであること——ある意味においては、この道徳的崩壊の衝撃があってはじめて——を我々のパトリオティズムは否定できない」ということを認めている。[31] そして、ハーバーマスは、「ファシズムの克服が、法の支配、民主主義といった普遍主義的諸原理を中心としたポスト・ナショナリズム的アイデンティティの自己理解となるパースペクティヴを形作る」とも付け加えた。[32] 結局のところ、法と秩序に従うという意味での「慣習的道徳性」、「常識」に従うこと、あるいは国家の伝統に従って行動することはすべて、第三帝国による道徳の崩壊を止めることに見事に失敗しているのである。

つまり、ファシズムの経験との関係で特定の弁証法が存在した。新しいポストファシズムのアイデンティティにおいて、超越されると同時に否定的に保持される止揚が生じていた。そのようなアイデンティティは、アウシュヴィッツの批判的「フィルター」にかけられ、通過した伝統にのみ基づいていなければならなかった。ハーバーマスは以下のように述べている。「伝統とは、結局のところ、他者が始めて、そして実際におこなってきたことを、我々が問題ないものとして続けていくことを意味する。我々は通常、これらの『先行者』たちが我々に面と向かって立っていたとすれば、彼らが我々を完全に欺くことはできず、悪神（deus malignus）役を演じることができないと想像するだろう。しかし、私としては、こうした信頼の基盤はガス室によって破壊されたと考えている」[33]。結果的に、ポスト・ファシズムのアイデンティティは特に、ポスト伝統的、あるいはよりよく言えば、ポスト伝統主義者的でなければならなかった。

ヤスパースと同様に、記憶の想起は、自由な公的コミュニケーション、そしてとりわけ過去に関する公共的異議申し立てと結び付けられていた。特定の過去の見方を神聖な儀式によって祭り上げるよりも、過去の解釈が開かれた公共圏において再度交渉されるべきであった。例えば、裁判、法規による制限の拡張範囲、映画、そして記念碑を取り巻く論争はすべて、記憶に関する主張が共有される公共的な理由付けに服する限りでは、道徳的自己説明のプロセスに貢献しうるものである。[34] このことは、たとえそのような共有された公共的な理由付けそれ自体が論争と異論から切り離され得なかったとしても変わらない。ここでは、過去を扱うための基準に関する論争を通じた反省が、核心となる政治的道徳を見出すことに貢献することが期待されていた。

そのため、記憶は、動機となる力を展開し、憲法パトリオティズムの核心にある普遍主義的規範を補強するものである。記憶は、民主主義的意識の基盤を与えるだろう。[35] この意識は、シュテルンベルガーのドイツ連邦共和国のポスト・ファシズム的民主主義制度に向けられた誇りでもそうであったように、達成することが問題にされていたのではない（ハーバーマスもまた、ときにこれらの民主主義制度を強調してはいるのだけれども）。ましてや、この意識は議論の余地のない帰属の問題でもなかった。アイデンティティは静態的な（あるいは、国家主義的な）条件において理解されるべきものではなかった。アイデンティティは実に、継続的な市民の自己との対話と過去についての開かれた議論、そしてとりわけ、その問題とされる過去との連続性を断ちきることによって構成されていた。手短に言えば、アイデンティティは一つのプロセスとして理解されていた。

民主主義との固有の結びつきにおいて過去が扱われるとき、潜在的にこのプロセスは、より入念な理論的正当性も持ち合わせていた。記憶は、完全に統制されたり、ナショナリズムの道具として機能したりというよりは、開かれた公共圏において対立し、競合し、競争するものである。だが結局のところ、民主主義そのものが抑制された対立の一形態である。過去についての一つの筋書きが崇められる、何らかの捕まえどころのない「厚い」社会的合意を追求するよりも、リベラルな法的見地の範囲内において、そして「道徳的不一致のエコノミー」と呼ばれるものを基盤として過去について議論すること自体が、社会の連帯と団結を育てる手段になり得る。これは、ヤスパースが一九四〇年代後半に既に提示していた「寛容な闘争」という連帯となるだろう。(36)

より重要なのは恐らく、民主主義そのものは、被治者が治者のしてきたこと（そして言うに及ばないが、彼らによる未来についての約束）を審理するということ、つまり繰り返される集合的責任の契機を扱うことだと言えるかもしれない。アカウンタビリティの概念にコミットしている民主主義は、その定義上、少なくとも直近の過去を忘れることはできないが、よりアカウンタビリティを持たない形の政権において過去はしばしば神話化され、あるいは抹消されもする。アカウンタビリティは今度はある種の自律性を前提とすることにもなる。結局のところ、政治家は自らの支配下にないものに対しては責任を問われることはなくなるだろう。同様に、過去――あるいは罪でさえ――に対しての責任を付与されることは、自律性を傷つけるよりもむしろ増強する。その意味において、もちろん日々の政治生活の複雑さそのものがその結びつきを非常に緩くするものの、少なくとも自律性、アカウンタビリティ、そして記憶の間には緩やかな概念上の関連性があると言うことができる。

しかし、多少懐疑の目を向けることも必要である。私が存在すると主張した関連性を弱体化させる、有効な議論もあるからである。結局のところ、究極的には過去を扱わねばならないのは立法部や行政部ではなく、司法部であるのだ。民主主義が、過去の評価ではなく、主に未来に関する集合的機関の肯定であると考えることは筋が通っている。そして大部分においては、司法部は過去に起きた個々の事例を扱う立場にあるのみである。もちろん、立法部と行政部は過去を公的に認めることができ、財産返還と賠償に関する法律を制定することができる。しかし、政治機関に内在する論理――モンテスキューの主張を言い換えるに、その「精神」――に関する限り、過去は法廷で扱うべき問題であるように見られる。憲法リベラリズム――時間を越えて自らの運命を支配しようとする集合的努力という理想としての民主主義ではない――はしたがって大規模な残虐行為という過去に対する答えである。しかし、もしそれが正確であるとすれば、記憶に注目することは、民主主義的集団とその行動よりもむしろ、政治の司法化ならびに潜在的につながりを持たない個人への非常に限定的な集中の両方を招くことになる可能性がある。私は第三章と後記で、この問題をヨーロッパの文脈において詳しく述べる。

ひとまず、「過去を受け入れる」ことは、戦後のドイツ人にとって共有の、必然的に特有の活動であったと主張しておく。しかしこのことはまた、ドイツにおいては憲法パトリオティズムの特定の文脈について自明の質問が問われなかったことも意味する。パトリオティズムは、普遍的な道徳的価値の名において、特定の過去を拒絶することを求める。また、特定の犯罪者のアカウンタビリティと特定の被害者の主張に関する道徳的議論を扱う政治的手続の制度も要求する。普遍的価値は、特有の過去によって形作られた特定の文脈と、過去を克服する努力における普遍的価値を実現しようとする共通の経験によって裏付けられる。

現代ドイツ人は、ハーバーマスが言及したように、「一種の間主観的義務」あるいは「代々引き継がれてきた様々な生の歴史的複合体」から発生する責務として、集合的責任を前提とせねばならなかった。(37) 受け継がれたのは「集合的罪責」ではなく、むしろ過去に犯罪を助長したかもしれない文化的文脈や「様々な生」であった。ドイツの法律は実際、罪責を軽減する要素として文化の影響を認知している。しかしハーバーマスもドイツの法もこれを犯罪者の子孫に直結する「集合的罪責」の一種とは考えない。(38) ハーバーマスは、以下のように述べている。

我々自身の人生は、アウシュヴィッツが偶然の状況ではなく本質的に可能であった生という文脈と結びつけられる。我々の人生の様式は、家族の、地元の、政治の、そして知識の伝統によって作りあげられた網を通して自身の両親や祖父母と繋がっており、それはときほぐすことが困難である。――つまり、今日の我々を作りあげ、我々が何者であるかを規定する歴史的環境を通してつながっているのである。我々の個人として、そしてドイツ人としてのアイデンティティは永続的にそれと絡み合っているため、誰もこの環境から逃れることができない。(39)

この間主観的および間世代的責任は「リベラルな国家は、安住の地をもたず、すでに死んでしまった、あるいはまだ生まれていない契約の一翼を担えない世代に対して忠誠を生みださない」という批判に対する更なる答えとなった。(40) たしかにそのような世代は「契約」に参加しなかった――しかし被害者の苦しみは「間主観的責任」という負債を次世代に強い――そして世代同士を結び付けた。もちろん、しばしばお互いを遠ざけることもあったが……

「ドイツの」憲法パトリオティズムにまつわる結果と特色

ハーバーマスの憲法パトリオティズムの目的は、公共圏と政治文化全般の保護というよりは

「純化」であり、また普遍主義的な道徳原理の促進であった。パトリオティズムはまた、国民文化に対して特定の非常に批判的な態度を必要とするため、文化的に中立的ではまったくなかった。情動面においては、誇りの感情を引き出すことはそれほどせず、また既存の感情を、ある対象、具体的には前政治的国家から、政治的憲法へ単純に「方向転換」させることもしなかった。[41] むしろ、憲法パトリオティズムはより複雑な感情を引き出した。この感情には、戦後の民主主義的功績に関する限りでは、罪悪感、恥、そして恐らく誇りも含まれていた。議論の余地はあるが、――過去への尊重また同時に現在の憲法規範を守ることの失敗に関する――義憤と憤りも含まれていただろう。[42] 憲法パトリオティズムは、このオリジナルな形式において、過去に関し共同して行ってきた異議申し立てや、普遍的規範を促進するという共通の目的を通して、やや間接的に連帯を生み出したが、しかし最も道徳的に重要な連帯（そして配慮）の形式は、居合わせている同輩市民よりも被害者のために確保されていたかもしれない。[43]

憲法パトリオティズムは、その初期の様式において、包括的なメンバーシップの形式となるようには決して意図されていなかったと指摘するのは重要である。これらの特定の要求はドイツ市民に向けられたものと言う、ほとんど自動的な仮定がなされていた。憲法パトリオティズム支持者の「我々」は、問われていないようにみられた。[44] ならば、初期の段階においては、少なくとも、政治的愛着の一形態としての憲法パトリオティズムは、多文化状況の生じさせる困難や「統合の試み」に対する解決ではまったくなかった。憲法パトリオティズムが、シティズンシップを厳格に民族に基づいて定義することと「特定民族優遇移住政策」という過激な政策を行う政体において実行され、繁栄したことは皮肉なことである。[45]

（シュテルンベルガーの記述のように）闘争性の重視と（ハーバーマスの理論におけるように）記憶の強調が併合されたとき、その結果は「アウシュヴィッツの嘘」に対する一九八五年の法律のような対応と成り得る。犯罪的誹毀行為の理論に基づいたこの法律は、ホロコーストの否定を最長一年の投獄によって罰せられるような侮辱行為とした。[46] ここで問題となる侮辱行為は、直接の被害者（と恐らくその子孫）に向けられているだけでないと見られた。ドイツの過去についての特定の見方を拒絶したことによる、ドイツの政体の自己理解への犯罪でもあった。言論の自由の支持者たちの多くが指摘したように、憲法パトリオティズムのリベラルであるはずの忠誠は、明らかに非リベラルな結果を生み出したように見えた。しかし、どんな民主主義的熟議においても、あるいはヤスパースの定義を用いると、過去についての「自由なコミュニケーション」が行われるためには、マイケル・イグナティエフが「許されない嘘」と呼んだものの一部は抹消されねばならないと法律の擁護者たちは反論しただろう。[47] ホロコーストがシオニストの想像の産物であると主張することは、ある意味では被害者の尊厳を否定することのみならず、自らの民主主義における対話者の尊厳をも否定することであった。基本的な歴史的事実に対する合意なしには、過去がどのような意味を持つかについての、真っ当な「道徳的不一致のエコノミー」ですら立ち上げることができなかった。(48) 結果的に、こうした尊厳の否定は民主主義的異議申し立てから何らかの正統性が出現することを単純に不可能とするのだ。

　したがってこのような法律は、三重の機能を持つものとなった。すなわち、歴史の真実を保存すること、民主主義的排除の一形態を積極的に保証すること、そして困難な過去に取り組むことにコミットした民主主義者の間の社会統合を促進することが明らかとなる。しかし、歴史的出来事に対して市民が抱く信念と関わることが政府の任務であるべきかは、たとえ仮にそれらの信念が理由に基づくものであり、時にはそれら理由が道徳的に許されないものであると認められたとしても、未解決の問題であり続けた。そして、「許されない嘘の抹消」が開かれた異議申し立てのプロセスによってなされるよう、市民社会に任されるべきではないのかという疑問が残されている。このプロセスは、否定に拘る者たちを不名誉とすること《シェイミング》や、社会から周縁化することが含まれるかもしれなかった。その代わりに、「過去と向き合う」ことの司法化は、たとえ過去についての議論を合法性の問題とすることが「思いやりのある（charitable）闘争」という市民の理想と直接的に衝突することになったとしても、ドイツの政治文化における特色であり続けることとなった。

教授たちの夢……？

以上のように憲法パトリオティズムの独特の視点が出現したことを簡単に振り返ることにより、憲法パトリオティズムの観念が生まれた歴史的状況と概念的文脈に焦点を当てた。憲法パトリオティズムが特定の起源を持つこと自体は、もちろん驚くことではない――そうでなければどのようにして生まれるのか。結局のところ、「普遍的なものは声を持たず、自身の真の代表者を持たないのである」。普遍的なものは「ある特定のものを通してしか現れることができない。普遍的なものを知らしめることができるのは特定のものだけである」(49)。

より興味深いのは、憲法パトリオティズムが、いわば特定の「特殊性（particularity）の補完物」――あるいは言い直せば、憲法パトリオティズムの中心にある普遍主義的道徳が（必然的に）特定の政治文化に埋め込まれるようにした、補完的な概念――に依拠してきた点である。シュテルンベルガーの「保護するパトリオティズム」は闘う民主主義の観念と関連するようになり、他方でハーバーマスの――国家よりも公共圏に向けられた――「純化するパトリオティズム」は自らを特定の公的記憶と公的記憶の異議申し立てに依拠しているものと考えられた。

しかし、憲法パトリオティズムの闘争性と記憶との関連性は、それぞれ戦後の西ドイツの特異な状況によるものであったが、私はそこに憲法パトリオティズムがもつ道徳性、闘争性、そして記憶を結びつける重要な概念的関連性があると指摘したい。明らかにこれらの三つの抽象概念はいわば異なる概念空間に位置付けられているが、しかし、純化と保護の規範は、憲法パトリオティズムの観念そのものと有意義な関係を持っている。普遍的なリベラル・デモクラシーが持つ価値を支持する者は、自らの過去を別の視点で見て、これらの価値観が危険にさらされる可能性に関する限りでは、法的そして政治的な境界線を引こうと試みるだろう。明らかに、実際の市民がどれほど過去について異なった感情を持つか、そして民主主義的闘争性が特定の脅威の出現前にどれほど強調されるかは、経験に基づかねばならない未決の問題であり、多分に偶然に依存するものとなるであろう。現存する国家の伝統は、なんらかのかたちで憲法パトリオティズムの型と様式に深い影響を有するのである。

そうであるならば憲法パトリオティズムは、シアラン・クローニンが指摘したように、ポスト・ナショナルであるというよりも、ポスト・ナショナリズムなのである。ナショナリティは、多少聞こえのよくない表現にはなるが、「脱中心化」されることにはなる。けれども、何らかの方法で「抑圧」されたり、粛清されたりすることはない。ベネディクト・アンダーソンはあるとき、「現代世界史を終わりのないソープオペラとして見ようとするならば、すべての国において、それぞれの果てしないエピソードで中心的な役を演ずる登場人物は、自らの国民であるだろう」と指摘したことがある。憲法パトリオティズムは国民という登場人物を死なせはしない。ただ単に、彼（または彼女）をサポート役に追いやるだけである。

記憶と闘争性についてのより豊かな説明を有する憲法パトリオティズムは、リベラル・ナショナリズムのうちの特定のリベラルな形態に変わることを意味するわけではない。表面的にはもちろん、共通点も見られるだろう。リベラル・ナショナリズム支持者もまた、同国民に対して問題のある過去について批判的な態度を取るよう要求するかもしれない。実際、少なくともある程度まではハーバーマスがドイツ人のために一九四五年の後に主張したものと似た態度を彼らが勧告しないといけないと考えることは難しい。彼らはまた、一部の憲法パトリオティズム支持者よりも寛容である可能性もあるが、同国民に対して必要とあらば「リベラルな生活」を守るよう要求するだろう。

しかし、本質的な道徳における相違は残る。本当のリベラル・ナショナリズム支持者の眼には、ナショナリティは疑うべくもなく（そして疑う余地もない）倫理上の意義を有する。結局のところろ、ナショナリティは人々が自らがまさにそのものであると感じる（とされる）ものだからである。他方で、憲法パトリオティズムは、ナショナリティに実践的な（そして恐らくは一時的な）重要性しか認めない。憲法パトリオティズムは、特殊性が――一部の人間が他の者より優遇される特定の政治的共同体という形式において――本質的に正統でないとしない点で、リベラル・ナショナリズムと共通している。また、そのような共同体が、特定の「関係の財」を得る唯一の方法であるという点においても、リベラル・ナショナリズムと共通している。しかし憲法パトリオティズムにとってナショナリティは、それらの財を産み出すものではないし、とりわけ家族の延長でもない（そのようなアナロジーも構築しない）。

したがって憲法パトリオティズムは、戯画化されたような、汚れなき、政治的に非実用的な普遍主義の例ではない。それは批判者が主張するように、固有の問題を抱える過去を持つ特定の国民国家の起源に縮小して考えられるわけでもない。それらの批判者はつまり、「もし普遍主義で告発できないのなら、排他主義で告発しよう」という意見を持っているのだ。しかし、「空虚な普遍主義」はリベラル・ナショナリズム支持者による抗議としては十分ではないし、系譜学が自動的に批判として受け入れられるのでもない。

さて、以上の擁護はまだ、憲法パトリオティズムが本当により広範な意味を持ち合わせているかという疑問に答えてはいない。この問題には次章で取り組むことにしたい。もっとも憲法パトリオティズムの概念の歴史を閉じる前に、私は西ドイツで短命ではあったが、その間、憲法パトリオティズムに対して、耳目を集める中傷をおこなう者が常にいたことを強調しておきたい。最も重要なのは、真っ当な国家アイデンティティの需要は憲法パトリオティズムによって満たされ得ないと彼らが主張したことである。例えば、歴史家ハーゲン・シュルツとハンス゠ペーター・シュヴァルツは、純粋に「学術的な」憲法パトリオティズムのもつ国家的および感情的「節制」はより悪意のある政治勢力にその国家に関する問題を任せることになり、したがって私がパトリオティズムの「真空理論」と定義したものの一種を提供することになると主張した。さらに、憲法への注目は――国家への場合と対照的に――頻繁に攻撃にさらされた。これらの議論によれば、憲法は国家なしに存在することができず、憲法パトリオティズム支持者の一部が主張したような主権は持ち得ないのである。そして国家主義者たちは、憲法の普遍主義的価値は社会の連帯を維持するには不十分であると幾度となく告発してきた。[50] 作家のマルティン・ヴァルザーは、その概念を東西ドイツの「分裂の裂け目の上に掛けられた、刺繡のされた慰めの毛布」とまで表現して攻撃した。そしてそれでもまだ足りないかのように、「政治的自慰行為の当世風理解」と名付けもした。[51]

実際、その傾向は一九九〇年にドイツが統合されたときに、完全に終息したように見えた。ハーバーマス自身、すべてのドイツ人に新しい民主主義的秩序を肯定させ、そして憲法パトリオティズムをより強固にするための、統合に関する国民投票《レファンダム》を要求した。また、正式な憲法制定議会の開催を要求する声もあった。しかし最終的に、東ドイツは既存の西ドイツ基本法の条項に基づき連邦に加盟した。憲法委員会による長年にわたる討議の末に、大規模な憲法改正はなされなかった。多くの知識人——全員が国家主義者ではもちろんない——は分裂という「異常性」が無くなった今、ドイツ人は「標準的な」国民意識を形成するだろうと考えた。憲法パトリオティズム——「教授たちのためのパトリオティズム」——のような人工的な構造は、安全に棄却することができると考えたのである。

しかし結果をみれば、憲法パトリオティズムの歴史はまったくもって終息などしなかった。憲法パトリオティズムは、例えばスペインへと輸入され、地域の自治権や非対称的連邦主義に関する広範囲にわたる議論の一部としてしばしば誤用された。憲法パトリオティズムはまた、カナダのような国における文化の承認を求める主張にも適応できる、架橋的な市民の忠誠の様式として議論された。そして最初に述べたように、「ヨーロッパの統一性」を得る方法として提示されもした。本書において、私はこのような超国家的な概念の歴史——不幸な誤解や意図的な誤訳をふんだんに含んだ歴史である——を語ろうとは考えていない。むしろ次に——ひとまずは概念の過去、適用、そして潜在的な未来の文脈とは無関係に——我々が憲法パトリオティズムについてある種の一般的な理論を形成できるかどうかという問題を扱いたい。

第二章　特質なきネーション？
――憲法パトリオティズムの理論に向けて

国の後ろに古い国家が立った途端、正義は遠く離れる。パトリオティズムの現代的形式においては、正義は多くの役割を持たず、その上、正義とパトリオティズムが関係を結ぶことを奨励するようなことは述べられない。

――シモーヌ・ヴェイユ『根をもつこと』

前章において、ハーバーマス（と暗黙の裡にシュテルンベルガー）の憲法パトリオティズムの構想をドイツに特殊な課題に対する答えとみなす批判者にも、確かに一理あることを示した。しかし、ある概念が特定の場所で、そして特定の時期に作りあげられたものであると主張することは、その概念を無価値にするわけではないし、その概念が他の場所で妥当しないということを意味するものでも、もちろんない。

本章においては、議論を拡張し、憲法パトリオティズムの一般的説明と言えるようなものがありうるか否かを検証したい。最初に、いかなる憲法パトリオティズム理論も内包する必要があると私が考える諸要素の概要を明確にしたい。とりわけ私には、なによりも、すべての憲法パトリオティズムの理論はその全体としての目的を明瞭に示す必要があるように思える。言い換えれば、憲法パトリオティズムが答えとなるはずの問いとは何か、ということである。そもそも、我々が、このような理論を必要であることを当然視できない。

加えて、このようなすべての理論は、私が愛着の対象、愛着の形式（*mode*）、愛着の理由と呼ぶものの説明を示すべきである。特に愛着の対象に関連して言えば、特殊性（*specificity*）の要請と名付けられうるものもあるかもしれない。言い換えれば、普遍的原理にコミットする者たちが、なぜ別のものではなく、まさにそのある一つの政体に愛着をもつべきなのかという問題である。最終的には、これら理論は、憲法パトリオティズムがもたらす正確な動機上の（または感情上の）帰結についての問いに答えるべきである。結局のところ、我々は、「理に適った忠誠」の一種について議論しているのか、もしくは一部の論者により主張されてきた、和らげられた誇りの一種について議論しているのだろうか、はたまた、まったく他の種類の感情について議論しているのかだろうか。ここで問われているのは、どのような政治的感受性や持続性を有する「感覚の構造」が憲法パトリオティズムを信奉する人々を特徴づけるのであろうか、という問題である。

この点で、序論においてすでに示した区別を強調する必要がある。私がそこで示したように、憲法パトリオティズムは規範的に依存した概念である。したがって、本章において、前段落での問いに答えるために必要となるのは、憲法パトリオティズムについての私のヴィジョンに規範的実体を与えるような、公正に関する道徳的背景理論の概要を明らかにすることである。このことは、憲法パトリオティズムの純粋な実証的観念を考えることが可能であるということを意味する――広く言えば、実証的観念としての憲法パトリオティズムは、継続的な政治的取り決めに対する一部の市民がもつ持続的愛着（人権と民主主義を志向することとは一切関わりはない）を指す。しかしながら、憲法パトリオティズムの道徳的読解には、政治的取り決めに正統性を付与するものとして背景理論が必要となり、こうした道徳的読解が本章において提示されるものである。しかし、注意すべきは、公正や正義についての異なる説明を主張する他の背景理論を憲法パトリオティズムに考案するのも可能である点である。私はここで、私の考え得る憲法パトリオティズムの道徳的読解の最も強力なものを示すよう試みた。しかし、他の人はより強力な背景理論を考案するかもしれず、また、もしかしたらより弱い背景理論をあえて採用する理由を見出すかもしれない。

私は、また本書の冒頭で、憲法パトリオティズムの一般理論は、自身の限界について明確にせねばならないとも指摘した。憲法パトリオティズムは、それ自体が集団的な政治的崩壊に際してのある種の市民的万能薬であるのではない。しかしより重要なことには、私は——間違いなく一部の人を失望させるだろうが——憲法パトリオティズムが少なくともある程度すでに存在している政治単位に依拠しなければならないと主張していく。憲法パトリオティズムは、政治的な境界形成についての自立した理論ではなく、それゆえリベラル・ナショナリズムなどの対抗的な理論が（たとえその回答が、規範的かつ実践的観点から結局は不十分な結果になるにしても）うまく答えるかもしれない政治的自己決定の問題には答えない。同様に、憲法パトリオティズムを提唱してきた幾人かが主張してきたように、この概念はそれ自体で大規模な社会的連帯を生み出すということはない。むしろ、社会的連帯は、特定の政治文化の内に公正さという土台となっている考えの解釈がどれだけ強く根づくことができるかにかかっている。

これら二つのいくぶん敗北主義的な概念上の譲歩によって、次のような疑問が生じるかもしれない。すなわち、憲法パトリオティズムの要点とは何なのか、という疑問である。簡潔に言えば、本章で展開されている通り、憲法パトリオティズムは、リベラル・ナショナリズムとパトリオティズムの伝統的形態の両方に関係づけられる「道徳的危険の源泉となること」を回避することができるというのが答えである。これは、明確な長所である。憲法パトリオティズムは、市民の信頼（したがって安定）の源泉であり、そして市民のエンパワーメントの源泉としても役立つ。既に序章で示したメタファーを繰り返せば、憲法パトリオティズムは本来的にヤヌスのような二つの顔を持っている。ここに概要が示された憲法パトリオティズムの強い道徳的読解は、（リベラル・ナショナリズムとは違って偶発的ではなく）常に「規範的余剰（normative surplus）」と呼ばれるようなものを内包し、それは市民のエンパワーメントや反論のための基盤として役立ち、極限においてリトマス試験の一種として市民的不服従の正当化に資する[1]。憲法パトリオティズムを支持する政体は、反リベラルおよび反民主主義的挑戦に対しての防御を強化しているが、同時に憲法パトリオティズムの規範的余剰から権力を導き出す、我々が「規範的攪乱（normative disturbance）」と呼ぶようなものに対して、自らを進んで傷つきやすくするのである。

　この規範的余剰は、いわば憲法文化を相互開放のなかで用いられるのであり、したがって私がメタファーを自由に混ぜ合わせて「規範が溢れ出すこと（normative spillover）」や「超国家的な規範形成」と呼んでいるものに資する――これに対して、リベラル・ナショナリズムはこうした特徴を偶然にも持つかもしれないし、持たないかもしれない。この「規範が溢れ出すこと」は憲法パトリオティズムがその哲学的に競合する構想に対して持つさらなる優位性である。この主張は、このような超国家的な規範形成の望ましさに明らかに依拠しており、本章の範囲内ではこの立場を十分に正当化できないが、少なくとも本章の中盤にかけていくつかの理由を提供しようと試みる。

背景として強力な道徳理論に依拠する憲法パトリオティズムの一般理論を提示したのち、こうした理論が二つの反論に遭遇することを明らかにしたい。これらの反論は、「抽象的過ぎる」、もしくは「私にとって血が通っていない」といったありきたりな批判を単に繰り返すのではないがゆえに、私にはとりわけ重要なように思われる。二つの反論とは、憲法パトリオティズムが「国家主義的ナショナリズム」の一形態であるという主張と、憲法パトリオティズムが一種の「市民宗教」に等しいのではないかという疑念である——両方の反論は明白に「道徳的危機」を示すものとして解釈できる。

最後に、規範的抽象性の高みから降り、憲法パトリオティズムが政策として意味するかもしれないものを問いたい。憲法パトリオティズムは、リベラル・ナショナリズム、もしくは「市民ナショナリズム」(これは憲法パトリオティズムからまだ明確には区別されていない)と同じような実践上の帰結を招くのか。これらの概念は究極的には、類似する政策が導出されうる限りにおいて、互換可能な抽象観念なのか。そもそも「憲法パトリオティズムである政体」をどのようにして認識できるのだろうか。もしある政体の指導者や市民が「憲法パトリオティズム」という言葉を実際に使わない場合でも、我々は、一定の基準を用いて、そうした政体を憲法パトリオティズムの政体と認めうるのか。言い換えるならば、我々が憲法パトリオティズムをみたとき、どのようにして憲法パトリオティズムであると知ることができるのかという問題である。

憲法パトリオティズム理論の要点とは何か?——いくつかの社会学的疑問

憲法パトリオティズムそれ自体は正義の理論ではない。また、たとえポスト慣習的アイデンティティという観念がハーバーマスによる憲法パトリオティズムの構想において重要な役割を果たすにせよ、本来、自我の理論でもない。むしろ、フランク・マイケルマンが指摘しているように、憲法パトリオティズムは民主的な政治的ルールを考え、正当化し、そして維持するという難問への応答の一部で(また一部にすぎないもので)ある——正当化の成功が正しく安定した政治的ルールの行使に役立つという但し書きはつくが。(2)憲法パトリオティズムは、それ自体そのような正当化ではないが、正当化は「愛着の理由」として先に言及したものを生み出すのである。

違う表現をすれば、憲法パトリオティズムの理論は、「集合的な倫理的自己説明（self-clarification）」と呼ばれうるものの中で用いられる言語を提供する。我々自身に関する政治的ルールに関する限りで、我々は誰に、そしてどのようになりたいのか。我々はそうしたルールを、時を越えて保存されるべき何らかの文化的本質（essence）を軸に据えられたものとみなすのか。あるいは、憲法パトリオティズムの理論を、政治的ルールを統御すべき原理に関する一連の政治的対話を維持し、そしてそのような対話によって豊かになるプロジェクトとして捉えるのか。こうした問いに憲法パトリオティズムは応答するのである。

憲法パトリオティズムは、市民が政治的ルールの特定の形態を維持するために必要とされる信念や性向を概念化するものである。今やこのような信念や性向が必要であるという仮定は必ずしも論争の余地がないものではない。とりわけ厳しい批判者でなくとも、我々は一五世紀の共和政フィレンツェに生きているのではないと言うだろう。つまり、現代の高度に複雑な社会が何らかの方法でパトリオティズムに根ざした性向によって「維持されている」と考えることは、社会学的観点からすれば単純に素朴過ぎる。そして、経験的水準のみならず規範的水準においても、パトリオティズムという言葉は、社会を上から押し付けられる事柄（top-down-affair）として問題ある仕方で理解することを永続させる。そこにおいては、人々が自身の生を自由に送ることは許されず、エリートが信念や性向を指示することとなる。厳しすぎない通常の批判者でも以下のように主張しうる。すなわち、現代において社会を思い描く場合と同様、政治的に思考する場合にも、我々は国王の頭を切り落とす必要があるという点を、パトリオティズムの支持者は理解していないと批判されうるのである。

もっとも、我々は一五世紀の共和政フィレンツェに生きていないという主張、また政治的な注目と配慮（care）が、現状において貴重な資源であるという主張に異を唱えるのは難しい。しかし、繰り返せば、高度に洗練された社会理論のいくつかが我々を信じ込ませるように、複雑な社会は現在それ自らによって有効に維持されているというのも、また妙に現実的ではない。我々は次のように尋ねてよいだろう。なぜ我々は、まさに憲法パトリオティズムが少なくとも一つの可能な答えであるような類の問いについての、長きに渡り、情熱的で、また時には極めて激しい論争を、何度もなんども目の当たりにするのだろうか。そうした類いの問いは以下の論点を含む。集合的な自己理解に関する問い、メンバーシップ、すなわち誰がそもそも所属するのかについての問い、シティズンシップに関連付けられる権利と義務、またシティズンシップへのアクセスの基準に関する問い、そして最後に、長期に渡って継続するような、品位ある、また言うまでもなく正義に適った体制を持つために必要であるような性向と徳についての問いである。[3] もしかすると、このような論争への参加者（そして、私はいかなる点においても公共圏においてこうした問いに取り組むごく小さなマイノリティ以上のものが存在するとは主張しない）は、すべて社会学的に素朴すぎるものである。しかし、これらの論争が実際に法的および政治的帰結として現れることを考慮すれば、繰り返しになるが、こうした現実主義的見解とされるものは、それ自体妙に現実性を欠くように思える。シティズンシップに関する法（citizenship law）は変化する。つまり、メンバーシップの地位と関連づけられる権利や義務は再定義される。そして、とりわけ異なる政治的集団がどのように相互に関わり合うのかということに関する道徳的想像力も根元的な変貌を遂げることがある。

端的に言えば、パトリオティズムに関する話題を放棄することを我々に強いるような社会理論は完全に誤っていると言い切れる論拠などない。しかし、どちらの集合的自己理解のヴィジョンが、正義と公正に関するより深い道徳的関心に最も適合するかについて考えることを我々が欲するに十分なだけの、ナショナリズムとパトリオティズムについての議論が行われている。私は以下ではまさにこの企てを扱いたい。

愛着の対象——普遍的規範と憲法文化について

憲法パトリオティズムについての規範上の実質的説明に力を与える最も大きな推進力は、お互いを自由で平等であると承認し、共生の公正な条項を見出す個人という考えである。言い換えれば、「どのようにして共生していきたいか」という問いに答えるのに十分な、共通の相互に受け入れることが可能な基盤を見出すことである。この問いは、ある意味において、いわゆる政治的な問いに他ならないと言われるかもしれない。

「共生する」という一見無害に見える言葉は、当初考えられるよりも広い含意をもつ。この言葉は、憲法パトリオティズムが必然的に特定の、多かれ少なかれ明確に制限された政治的アソシエーションであることを意味する。憲法パトリオティズムは特定の、既存の政治構造に注目するのであって、全体としての人間性に着目するのではない。しかしながら、憲法パトリオティズムが必然的に「国家主義的」であるという結論に飛びつくのは正当化されない。本章の後半で「国家主義的」という批判に戻り、検討する。

先に最も大きな推進力と呼んだものについて詳しく述べる。政治的ルール、つまり、政治共同体の構成員に対する集合的実力（collective force）の行使の基礎となるルールは、集合的決定に服するものに対して正当化されるべきである。そうでなければ、ある市民が他の市民を支配することになろう。しかし、正当化の必要性はすべての個別の法律や措置に適用されるのではない。そして、むしろ、法制定システム一般（もしくは「法制定のための法」）およびそれに活力を与える(animating)原理はすべての市民にとって正当化可能でなければならない。言い換えれば、自らを少数派であると認識する時に市民がその状況を受け入れるためには、ジョン・ロールズがかつて「憲法の必須事項(constitutional essentials)」と呼んだものを市民が是認していなければならない。特に、正統な法を生み出すと想定される一般的手続を市民が承認せねばならない。したがって、マイケルマンに従えば、

次のことを考慮しつつ、すべての人が自身の利益に照らして受け入れる理由があることを認め得る[…]一連の憲法の必須事項によって法的に有効とされるとき、強制的政治権力の行使は正当化される。[…]すなわち、不可避に共有された社会空間内における協働に関する公正な条項についての合意を見出すよう促す、道徳的な動機づけの圧力の下、自身を推定上自由で平等な共生者の仲間の一人であると考えることを考慮することによってである。(4)

したがって、市民は、彼らの利益を追求し、拒絶する理由がないであろう法制定のルール体系に愛着を示し、これを維持していくことが要求される。そうした要求は、通常の法や政治、また憲法そのものの特定の解釈についての理に適った不一致は自らを少数派と認識している人々にさえ受容可能であるべきであるという基礎の上になされる。したがって、通常法は少なくとも間接的に正当化されなければならない。憲法内で定められ、それゆえ正統であると想定される直接正当化された法的手続という仕方で、通常法は産出されるのである。

市民は、第一に、まさに憲法という考え方自体――または「憲法」という観念に負担をかけ過ぎぬよう、協働と権力制限に関する公正な条項をもつ十分に秩序だった社会において相互正当化に自身をコミットさせるという考えと言い直しても構わない――に愛着を有していなければならないと、マイケルマンは説得力ある仕方で主張している。つまり、特定の時点で、憲法という考えが特殊化されたもののすべてのうちの特定化されたものの一つに同意、あるいは受容することを市民は求められない。これもまた、憲法パトリオティズムについての理に適っていない仕方で限定された実証的観念であるだろう。市民が憲法の必須事項のいくつかについて(単にそれらの適用ではなく)不一致があることは、まったくもって理に適ったことである。このような不一致は、一般的正当化と適用が適切に常に分離されていないことが多いことから、特に生じそうである。市民は特定の適用の結果を予見することはできないであろうし、多くの場合、憲法の必須事項が実際の法および政治制度への翻訳される仕方について一致しない理由ももつだろう。いかなる所与の現に存在する憲法においても今のところは不完全にしか実現されていない、公正という核心的な考えのもとで、憲法は、激しいが、しかし理に適っている道徳的および政治的な異議申し立ての場として役立つだろう。

したがって、憲法は抑制された不一致や限定された多様性の一形態を必然的に生み出す。ここでの抑制、限定とは、自由かつ平等なものとしての市民が相互に正当化しうる政治的協働に関する公正な条項を見つけるべきであるという観念への愛着である。このような批判的かつ高度に抽象的とされる観念をこそ、憲法パトリオティズムの支持者はどんなことがあっても支持しなければならない。しかしながら、市民がそのような「自らが置かれている協働のシステムへの抽象的かつ批判的な民主‐立憲的志向を有する」ことは、まったく見当違いであると言うわけではない。ジェイムズ・タリーが示したように、市民は少なくとも「自らの政治的アイデンティティを問題化する形式」を共有している。(5) そのような形式が欠如している場合、政治状況は明らかに異なったものであるように見える。そこでは、公正な協働、もしくは何らかの仕方で政治的空間を共有しようとする試みでさえ共通の目標ではあることがなくなりつつある。

このような未だかなり抽象的なレベルにおいて、憲法パトリオティズムが躍り出てくるのである。理に適った不一致の（避けられない）事例において、憲法パトリオティズムは、少数派に立憲政体全体を維持する真の道徳的動機を与える。結局のところ、少数派は、相互に正当化を行うという理想を体現すると想定されるシステムを維持する理由をもつ。それは、たとえ個々の市民がこのような考えを具体化したものすべての内の一つのある体現と自身の公正の構想とがいついかなる時点でも一致しないと判断したとしてもそうである。自身を少数派とみなす市民は、彼らにとって重要な問題に関して負けたと感じた際、仕組み全体が自分たちの利益と常には理解しないかもしれない。そのような場合、憲法パトリオティズムはその仕組みを支持するよう、更なる道徳的圧力を発揮する。憲法パトリオティズムは、敗れた少数派に、政治学者たちがときに「敗者の同意」と呼ぶものを示す規範的理由を与える。

同時に、憲法パトリオティズムはまた、少数派に対して、不公平に扱われたと彼らが感じた時に、多数派の決定に異議申し立てする言語を提供する。言い換えれば、少数派の内の憲法パトリオティズムの支持者は、公正という原理への多数派の愛着に訴えかけるという手段を有しているのである。このような場合、多数派は、少数派について、単純に特定の決定に関して自己利益の獲得をしそびれたものとして扱うわけにはいかない。たとえば少数派は、憲法の必須事項に忠実であり続け、またそれらの実現を「よりいっそう完全な」ものとするという、共通のパトリオティズムに根ざした配慮に訴えかけつつ、益々広がり続ける包摂の範囲について語ることを試みることができる。その意味において、憲法パトリオティズムは、立憲政体の長期間にわたる安定性の源泉を説明することの一部でもあるということができる――それは共通の言語、あるいは共有された規範的枠組みの中での政治的問題化や異議申し立ての形式を提供するのである。

憲法についての特定の議論や見解の不一致からさえ、「憲法アイデンティティ」（私としては「憲法文化」としたい）と呼ばれるものが最終的には生じる。(6)「アイデンティティ」は、私見によれば、静態的過ぎるイメージを提示してしまい、実際にその原本は見ることができるものの、展示ガラスの向こうに置かれてしまっている文書でしかないものに狭めてしまう傾向がある。これに対して「文化」は、共有されるシンボル、メンバーシップの儀礼や儀式、そして憲法裁判所といった憲法の必須事項と関連し、少なくとも部分的にはそれを表明する、敬意が払われている機関を包含すべきだということを示している。しかし、公的かつ教養ある（civilaized）仕方によって議論を進行させる実践といった、より抽象的なものこそが、憲法文化を特徴づけることになるのかもしれない。こうした状況付けられた実践は、憲法パトリオティズム支持者からの支持を要求する。

憲法文化は「政治文化」ほど意味が広くはないが、同時に「政治文化」よりも特殊なものであるかもしれない。このことは、当初のハーバーマスによる憲法パトリオティズムの構想に沿い、憲法それ自体がとりわけ我々が普遍的規範として受け止めた、あるいは取り決めたものによって特徴づけられていると考えられているとしてもそうである。結局――とりわけ社会学者にとっては自明のことにも見えるであろうが――憲法はそれ自体を解釈したり、また適用したりすることはない。憲法は特定の歴史的経験、新しい情報、国境を越えた相互学習に照らして読まれ、読み継がれていくものである。

「アイデンティティ」ではなく、「文化」という用語は、我々が同質的で、必然的に調和的であるものを扱っているのではないことを強調する。憲法文化は、少なくとも部分的には、まさに一般的な憲法的調停の内部における継続的な不一致と根深い対立という本性によって特徴づけられる。それでも、対立と差異の特徴的な形態は、なお同じものを指し示すのである――そして、マキァヴェッリからアルバート・ハーシュマンまでの政治理論家たち（あなたの好む系譜を取り上げよ）が論じたように、抑制された対立は、実際には統合と安定化の効果を持つこともできるのである。(7) したがって、ある憲法文化は、一致しないことについて（少なくとも一時的には）一致する仕方によって特徴づけられるのと同様、政治的主張と異議申し立ての諸々のスタイルによっても特徴づけられるだろう。言い換えれば、正統なものとして認識された対立は、特定の憲法文化へのコンセンサスと同じくらい重要でありうる。

憲法パトリオティズムは我々のものなのか?——特殊性の要件

最初に提起した、憲法パトリオティズムの全般的構造および内容に関する問題に戻ろう。すなわち、憲法パトリオティズムの全体的な目的とは何であろうか、という問題である。その答えをごく簡単に言うならば、公正な憲法レジームを可能なものとし、そして、そのレジームを維持することである。また、憲法パトリオティズムにとって対象とは何であろうか。愛着の対象は、憲法パトリオティズムの実証主義的な解釈が述べるほどに、憲法(成文憲法であるか不文憲法であるかにかかわらず)のあらゆる具体的で歴史的な詳細ではない。むしろ、愛着の対象は、究極的には、お互いに対する政治的支配を相互に正当化する市民たちという考えそのものであり、それゆえ最終的には、物事はただ人々へと押しつけられるべきではないという道徳的直観である。憲法パトリオティズムは、権力を支配として定義する(おそらく最もこれが短い定義であろう)レーニンの言葉を使うならば、「誰が、誰を」という問題として共通生活を構想するいかなるものにも対立するのである。

そして特に、市民は、憲法の中核にある規範と価値、すなわち憲法の必須事項と、とりわけ、正統な法を制定すると推定された公正かつ民主的な手続に対して愛着を持つ。ハーバーマスは、複雑な現代社会が「価値についての実体的な合意」ではなく、「法の正統な制定と権力の正統な行使のための手続についての合意」によってのみ持続可能である、と何回も強調してきた(8)。しかし、この見方においてさえ、普遍的な道徳的規範が依然として愛着の究極的な源泉であることを覚えておくことが大切である。すなわち、憲法の必須事項は、憲法文化を作り直すためのルールを体系化する特定の手続きへと「組み込む」のである。

ここまで、私は、パトリオティックな愛着の対象に関する疑問への前置き的な答えを述べてきた。しかし、もし普遍的な規範と価値に関してここまで述べてきたことが正しいのならば、憲法パトリオティズムは、いかなる特殊性の要件をも満たさないことは明らかであるかもしれない。人々は、各々が最も大切だとみなす憲法の必須事項を最も忠実に具体化する、いずれかの体制に愛着を持つのかを単純に決めるであろう。しかしながら、「愛着の対象」をすでに言及した「憲法文化」のようなものを含むような形で拡張するならば、特殊性要件は満たされる。憲法文化を特徴付ける論争や見解の相違のたぐいは、特定の国家的および歴史的文脈に必然的に関連づけられている。これらの文脈は、憲法と、生じうる理に適った不一致の形態に関する市民の判断に影響を与える。しかし、その後には、憲法に含まれる規範は、自分たちの伝統と、地方的、地域的、そして国家的文化に対する市民の見方を変容させるであろう。言ってみれば、憲法文化は、すくなくとも、普遍的な規範と特定の文脈の間をとりもつかもしれないのである。さらに、憲法文化それ自体は、次のような循環的なプロセスとして想像されるものを通じて形成されるとも言えるだろう。すなわち、憲法、憲法文化、そしてより一般的な意味における多様かつ発展的な一連の文化的自己理解（国家的自己理解を含む）が互いに影響を与え、そして理想的には互いに補強するという循環的なプロセスである。

したがって、憲法パトリオティズムの支持者といえども、どこでもないところから現れるわけではない。彼らは、自らを個別の文化に絡みつけられた者として見なしているし、その文化のなかで希望を持ってうまくやっている。そして、何にもまして、自分たちが正義と公正という普遍的な規範を特殊な文脈のなかで言い表そうとしている、個別の憲法文化と向き合い、維持し、そして再形成するのである。普遍的な規範に誠実であり続け、そして、それら規範を実行可能なものとする最良の方法は、所与の政治文化についての進行中の対話に参加し、その対話を豊かにすることである。そしてその際、憲法パトリオットは、とりわけ、その対話を特徴付けるであろう進行中の不一致に対して誠実であり続けることによって、その対話に誠実であり続ける。

　それゆえ、憲法パトリオティズムが特殊であり、結局のところ、議論の余地がない形（対話、交渉、論争がない形）で、「普遍的なもの」へと何とか直接的にたどり着いたり、それを獲得することができると考えるのは、幻想であり、正統性を欠いた横領である。しかしながら、憲法パトリオティズムは、その特殊性にもかかわらず、主として規範や原理への愛着であり続ける。憲法パトリオティズムを他の愛着の形態と区別するのは、手短に言えば、忠誠を要求するのが単なる人々の集団や文化ではないということである。憲法パトリオティズムは徹底的に政治的であるはずだ、と言うことができるだろう。すなわち、人々と「文化」は、それらが政治、もしくはより具体的には、集団的に権限づけられた強制の行使のための基盤的ルールに影響を及ぼす範囲においてのみ、問題とされるのである。

愛着とエージェンシー――すべてが両義的か？

　憲法パトリオティズムの対象と特殊性を明らかにしたところで、私の見解において一般的な説明のために必要とされる他の要素の検討に移ろう。特に、愛着の形式に関する疑問に対してまだ答えていない。道徳心理学の用語において、愛着の形式は、反省的、批判的、もしくは場合によってはそれらの間でアンビヴァレントなものとして、おそらく最も適切に定義されるだろう。憲法の必須事項、そしてより広く憲法文化は、批判的な視点から評価され、そして、市民が普遍的な規範と考えるものに照らして定期的な評価および再評価を受ける。

憲法パトリオティズムは、再帰的であると想定されている。言い換えると、憲法パトリオティズムそれ自体は、我々の憲法レジームの中核に存在する原理のさらなる発展と洗練の観点からときおり改訂、洗練されてきた。その意味では、憲法パトリオティズムは、再びハーバーマス的な観念を使うならば、「集合的学習過程」[9]と言うこともできるかもしれない。すなわち、それは、開かれた未来と、市民が新たな経験に照らして自らの愛着の理由、対象、形式を進んで調整することを仮定している。結果的に、市民は、常に開かれそして未完成のもの（言い換えるならば、過去の人々が参加し、そして、我々の子孫に力を注いでほしいと思うプロジェクト）として、自らの憲法文化を捉えるのである。[10]

政体というものが自らを批判的に問い直す状態、そして、曖昧な状態に永遠に居続けながら存続することができない、ということを我々は実践的に知っている。ここでのポイントは、極めて様式化させるならば、時に強烈な批判的注目を呼び起こす、政治への基本的態度である。我々は、この要求度の高いモーメントがどのようなものであるか、なにがそのモーメントを引き起すのか、そして、「集合的学習」が一定の条件の下で間違った方向に行ってしまうのか否か（さらに「集合的不学習」になってしまうのか否か）について、事前に語ることはできない。しかし、この点を主張することには意義がある。なぜならば、静態的な「憲法アイデンティティ」、もしくは、中核的な民族的アイデンティティに言葉を濁しながら頼る傾向のあるリベラル・ナショナリズムの形態に基軸を置くような憲法パトリオティズムの構想は、このような方法に適った学習過程を必ずしも形作らないからである。[11]

愛着の理由に限って言えば、共通の社会空間においてお互いを自由かつ平等に扱おうとする市民が立憲デモクラシーの原理を採用する理由を有している、ということを私はすでに示した。市民は、理に適った不一致を通じて、このような原理を最も適切に実現するための努力を継続する理由も持ち合わせている。採用された道徳的な背景理論に応じて、このような議論よりも多少厳格な立場が存在するのは明らかである。たとえば、より厳格なカント的な立場においては、愛着の理由はもっぱら正しい政治秩序を支持する義務として解釈される。[12] 個人の尊厳にとって民主主義の有する重要性を強調する他の見解では、集合的エージェンシーと集合的学習過程を考慮する憲法文化やアイデンティティを維持するための道具的な理由が存在する。言い換えれば、愛着の理由は、特定の道徳的背景理論に応じて、常に同じであるわけではない。

ところで、以上のことからすると、愛着が完全に合理的でなければならないことを意味するのだろうか。とりわけ、リベラル・ナショナリストである批判者たちは、この概念の仮定された「合理主義」、「抽象性」および——不可避的に伴うと思われる——「血の通わなさ」を大いに利用してきたため、この問いは考察される必要がある。愛着の一形態としての憲法パトリオティズムの内で、認知的要素が支配的であると言っても間違いではない。しかし、憲法文化の象徴的内容、そのナラティヴと未来への投影は、特定の感情を呼び起こしもするであろう。実際、それは、たとえば単なる誇りとは対照的な、かなり複雑な一連の感情を十中八九呼び起こすだろう[13]。恥、義憤（あるいは、かつてハーバーマスが「民主的義憤」と呼んだもの）、勇気、怒り、そして罪悪感などが、帰属の説明によく用いられるその他の感情や情熱よりも大きな役割を果たすかもしれない[14]。しかし、これらの感情は必然的に「認知的に先立つもの」に依存している。すなわち、認知と感情が密接に関連していることを認めないことは、誤りである。感情（もしくは、少なくとも政治生活における関心に関する感情）は、結局のところ、信念に基づいているのである[15]。

そして、憲法パトリオットの道徳的生は、独自な複雑性を有しているとまでは言えないものの、潜在的にはかなり複雑である。リベラル・ナショナリストは、部分的にはリベラル・ナショナリズムという概念の中核にある矛盾としばしばみられるもののために、悩まされ、苦しめられさえするかもしれない。同時に、憲法パトリオティズムが標準的な組み合わせの感情や情熱を含むと主張することは誤りかもしれない。しかし、複雑なポスト伝統社会の見方と明らかに適合しないのは、疑われることのない誇りと、英雄と勝利についての単線的、もしくは同質的な国民的ナラティヴである。[16] この意味において、ポスト伝統的な憲法文化は、まさにポスト英雄的な憲法文化でもある。そして、すでに言及したように、これは、ポスト・ナショナル（この問題に関してはポスト伝統主義者も含められる）というよりも、ポスト・ナショナリストである。[17] 結局のところ、憲法文化は、国家的（準国家的）経験と、特に、困難な過去や、圧政とその克服に関するナラティヴに基づいているだけでなく、これらへ浸透しうるのである。

　最後に、先に私が憲法パトリオティズムの結果もしくは「帰結」に関する疑問として示したものが残る。ハーバーマスは、これらを「見知らぬ者同士による、抽象的な、法によって媒介された連帯」と表現した。確かに、これは、顔を向かい合わせた政治的接触がある社会で生じるような、アリストテレス的、あるいはフィレンツェ的な市民的友愛とは大いに異なっている。しかしながら、「連帯」がここで正しい言葉であるか否かは明らかではない。これまでに私が示した説明において、広範囲にわたる福祉国家を維持するという意味において、市民がお互いのために何かを犠牲にするように実際に求められているかどうかは明らかではない。遠回しな言い方をすれば、法の支配とデモクラシーの公正な価値と、とりわけ多様な視点からの熟議に対して開かれている公共圏という理想が、市民が進んで互いに与えなければならない資源を必要とする、とは言えるであろう。文脈に応じて、憲法パトリオティズムは、まさに資源の広範な再配分を含む憲法の必須事項を支えるかもしれない。しかしながら、憲法パトリオティズム自体は、直接的に巨大な福祉国家を支える土台となるわけではない。

しかし、たとえこのような限界があるとしても、憲法パトリオティズムが政治世界をあまりにも融和的に描いているに過ぎない、と結論づける人がいるかもしれない。そして、包摂と排除の問題は、どこで考慮されるのだろうかと疑問に思うだろう。もし、このような問題がまったく生じないとするならば、憲法パトリオティズムは、何の説明もなく、正当化もされない包摂と排除を我々に我慢させる、一種の哲学的な鎮静剤に潜在的になるのではないのか。ここでこそ、エージェンシーための動機付けの源泉という問題と、忠誠の問題が交差する。忠誠とは、部分的かつ関係論的な定義によれば、常に「歴史的自己」に愛着を持つと言われている。[18] 言い換えると、忠誠は、大小を問わず人々の集団（もしくはたった一人の愛された人物）に向けられていると仮定され、そして特定の人々（もしくは特定の人物）と共有された歴史を想定しているように見える。

さらに、忠誠は、何らかの脅威に直面した時、あるいはより正確には別の忠誠の潜在的な対象が現れた時にいつも発揮される。別の言い方をするならば、忠誠を試すものは、とても魅力的な選択肢（それは別の人物であったり、別の党派、あるいは別の国）である。もしそうならば、ジョージ・フレッチャーと共に「どのようにすれば憲法に不実であることができるのか。とりうる選択肢は存在しない。アメリカの裁判官がドイツやカナダの憲法を適用しようと検討することには意味が無いであろう」という問いを、自然と投げかけることとなろう(19)。

この難問に答えるために、まずは二つの種類の忠誠を区別することから始めようと思う。単純に言えば、一つは人々への忠誠であり、もう一つは原理への忠誠である。さて、実際には、この区別はしばしば曖昧である。たとえば、我々が過去に他者と共通の努力（より重大な正義と市民的包摂のための成功した政治闘争）を行ったことがあるとしよう。この闘争の参加者は、正義と包摂という原理だけではなく、その他の参加者に対しても愛着を感じるであろう。彼らとは今や歴史を共有しているのであり、また、たとえば正義にひたむきな政治機関や政治への態度の変化といった、闘争の実際の結果をもおそらく共有している。しかしながら、この区別が曖昧でありうるのと同じ程度、これら二つの種類の忠誠は衝突するかもしれない。我々の気にかけている人々は、我々が気にかけている原理を侵害するように振舞ったり、侵害するように発展していくかもしれない。しかし、重要な点は、「忠誠という歯車は、あきらかに憲法と関わらない」という単純なことでは決してないではない。[20] 人々に対してと同じくらい、原理は忠誠を必要とする可能性がある。

「とりうる選択肢」がないと述べるより説得力のある反論は、もし我々が原理だけを大切にするなら、論点となる原理が冒瀆されるような方向に憲法が発展している国は見捨てた方がよいと主張することになる、というものであろう。言い換えれば、実際の問題は、フレッチャーが主張するように、忠誠がある種の共有された歴史にどの程度依拠しているのかということである。この反論に対する答えは、前述した憲法文化についての議論から離れてしまうが、私には次のようなものになるように思われる。すなわち、普遍的原理であっても特定の機関や実践において具体化されるのが当然であり、我々はこれらの機関に対して、特殊主義者へと無意識に転向することなく、愛着を持つことができる。これら特定の機関や実践は、それらを支持し、批判し、改訂してきたという共有された歴史に対する我々の愛着と関与によって、我々にとって意味をも有することになる。[21] ジョセフ・ラズが述べたように、「意味は、共通の歴史を通して、そして作業を通して生じるものである。それらは、人間の愛着の対象を独自なものとする」[22]。それゆえ、概念的にも、経験的にも、普遍主義的原理に愛着を持ち、そして特定の憲法文化に対して忠誠を感じることはあり得るのである。

これらすべてのことがとても重要であるのはなぜか。理に適っていなくもない答えを一言で表すならば、「マッカーシズム」であろう。忠誠と憲法に関するあらゆる議論は、「政治的忠誠」や「市民的としての信頼性」に欠けるという嫌疑をかけられた者に対する、政治的魔女狩りという妖怪に取り憑かれている。文化ナショナリズムの支持者は、文化に基づく複雑ではない帰属と、功績や宣誓に基づくメンバーシップを対立させがちである。しばしば主張されるように、後者は「本来いるべき所にいる」という本物の感覚を考慮に入れない。なぜならば、帰属の感覚は、政治的振る舞いの潜在的に変化する基準に依存するからである。したがって、逆説的に、選択されてないもの（たとえば生まれや文化）は、政治的自由を生み出し、寛容というものを可能にする（たとえば、政治的奇行に寛容な、理想化した状態のイギリスを想起して欲しい）。対して、政治的選択の可能性は、排除を生み出す（アメリカ合衆国とマッカーシズムを想起して欲しい）。

この主張がなんらかの容易な方法によって論破されうるか、私には確信がない。この主張は文化的に同質性を持った存在を仮定している（そうでなければ、分裂と排除の可能性が再登場する羽目になる）。そして、この主張は、これらの文化的存在の政治的表出が文化的寛容に制限を課さないであろうということを仮定している。しかし、このこと自体は、もちろん、排他的な政治的、アイデンティティを支持する議論ではない。実際、我々は、憲法文化が不寛容にならないという保証はないということを、認めるしかないということもあり得るのだ。しかし、そうは言っても、帰属の政治的形態が忠誠の必要性のために宣誓を叩き売ることは、避けられないというわけではない。どのみち、社会が雑多な文化構成になればなるほど、市民に選択肢を与えず、文化的順応の期待に執着するという我々の選択肢は少なくなるのである。

　マッカーシズムに関する懸念については理論上ありうる回答がまだあるが、それも確かな保証があるわけではない。結局のところ、憲法パトリオティズムそれ自体は、少なくとも私がそれを示した方法において、お互いを自由で平等と認識する市民という考え方の中核へと我々を回帰させる。こうした考え方を基盤として築かれた憲法文化が、組織的な不寛容を奨励するほど歪むとは考えにくいが、もちろんこれもあり得ないことではない。強調されるべきなのは、自己批判的、そして自己内省的であるという性質は、本章で示された強力な道徳的解釈において、ポスト慣習的、ポスト伝統主義的、ポスト・ナショナリズム的帰属の一形態として維持するだろうと憲法パトリオティズムが仮定した憲法文化の観念そのものに根付いているということである。このような憲法パトリオティズムは、異議申し立てのための規範的資源をそれ自体の内に見出すことができる。すなわち、それは、侵害されている憲法の必須事項のまさに土台を頼みの綱としているのである。手短に言えば、憲法パトリオティズムは再帰的であるのだ。

憲法パトリオティズムの限界と、リベラル・ナショナリズムとの比較について

私が最初のほうで述べたように、憲法パトリオティズムが提供しないものを強調することは大切である。すなわち、特に、憲法パトリオティズムそれ自体は、政治的境界を決定する理論ではないということである。この点に関して、憲法パトリオティズムは、より一般的な、現に存在している境界づけられた政治的空間を受け入れるというリベラルな思考の弱点を共有すると言えるかもしれない。確かに、政治的自律による文化的自己保存への要求は、この理論からは導き出すことができない。憲法パトリオティズムが既存の憲法文化の脱中心化と相互開放を求めるのは真実である。その意味において、非常に大雑把な表現だが、政治的空間を分離させるよりも、統合させるような政治的取り決めの側を支持するはずである。しかし、これは比較的弱い指標でしかない。理論的には、国家における少数派が、耐えがたい抑圧と対峙した時、自らのための国家を樹立し、立憲的レジームを設立し、自らの伝統を批判的に作り直すことに腐心するということも、確かにあり得る。言い換えれば、政治的自己決定を求めるポスト・ナショナリズム支持者は、何

も必然的に矛盾しているわけではない。したがって、批判者が主張したこととは逆に、憲法パトリオティズムが憲法文化に重点を置くということによって政治的持続性に関する説明を与えることができるのだ。しかし、政治的境界については十分な説明をすることができない。

このことを踏まえると、憲法パトリオティズムは、私がはじめの方で「超国家的な規範の構築」として言及したものと両立（実際には促進も）できる。このいくぶん厄介な新しい表現によって、私は、国境を越えた、より複雑な政治的および道徳的繋がり（これらの繋がりは国境を余分なもの、あるいは道徳的に無意味なものとはしない）の出現、そして相互学習と相互に熟議的な関わり合いという実践を表している。憲法パトリオティズムは、その普遍的規範へのコミットメントにより、そのような繋がりの形成を促すであろう。しかし、複数の憲法文化の間での正統な差異を認めるがゆえに、憲法パトリオティズムは一元論的なコスモポリタニズムの一種へと転落することはないだろう。つまり、政治的境界を道徳的に意義のないものだと考え、全人類がお互いにまったく同じ道徳的・政治的関係にあると仮定するコスモポリタニズムには転落しないのである。

ここで、多少逆説的になるが、憲法パトリオティズムがそのような相互の関与を妨げることがあるかもしれない、という反論もすぐに思い浮かぶだろう。なぜなら、「我々」は「我々のもの」

である憲法を用心深く守ろうと望むのであり、「我々の」憲法裁判官に他国の法を引用させたり、他国の人民の憲法の必須事項を取り込むようにさせたりしないからである。そして、むしろ、政治的帰属の中心として憲法を強調することは、憲法上のささいな差異に関する自己偏愛を容易に促進するかもしれない。しかし、そのような憲法ナショナリズム（あるいは、フランク・マイケルマンがより温和に表現したところの、憲法上の「完全性に対する不安」でも良い）は、ここで展開された憲法パトリオティズムの理解を明らかに曲解している。すなわち、ここでの理解においては、憲法文化を完全に「達成された」もの、自己批判的学習に対して閉じられているものとして捉えるのではなく、むしろ、一定の規範や価値を「より一層完全な方法で」実現するという進行形の継続するプロジェクトと捉える(23)。同時に、憲法パトリオティズムは、憲法文化や憲法の必須事項における重大なヴァリエーションの可能性を残したままにする。しかし、このヴァリエーションは、相互の関わり合いのプロセスと、その他の政治的可能性を秤にかけた後に生まれるのであり、国民の民主主義的自己統治という既定の自己充足を理由として、規範と価値に関する国家横断的な議論を独断的に終わらせることではない(24)。

したがって、憲法パトリオティズムは、政治道徳が多層構造を持つことの正統性を認め、お互いに公正に生きているという制限づけられたスキームが「人類という世界全体の共同体」よりも厳しい義務を課すという考えを受け入れる。[25] また、憲法パトリオティズムは、協働に関する境界線や境界づけられたスキームが存在するという事実に価値を見いだすが、一方で、そのようなスキームがよりリベラルであり、正しく、かつ包摂的な方向に変化することを望みながら、価値を見いだすのである。協働の境界線やスキームは、単に障害であるだけではなく、資源でもあり、ひょっとすると（ゼロから国家を創設したり、国民を創設したりする時の営為がもの悲しくも示し続けるように）達成物でもある。憲法パトリオティズムは、実現された制度を前にしても、我々が公正と呼びうるものを捉えようと試みる。なぜならば、実現された制度が規範的に一度にすべて実現し、正当化されたと推定することがないからである。このことが既に多くの国家へと分割された世界という政治的現実に対する大きな譲歩であることは間違いなく、余分な決定的譲歩として見る人もいるかもしれない。

　しかしながら、この政治的現実主義という要素は、より敗北主義的でない別の含意を有してもいる。[26] 特に、ここで示唆されたように、憲法パトリオティズムは、基礎づけ主義者の誤謬と呼べるようなものの犠牲とはならない。たとえば、憲法パトリオティズムは、単純に、しばしば批判者によって言われてきたように、人類が何も無い状態から協力せねばならないとも、純粋な普遍主義的価値に基づく政体を作らなければならないとも主張しない。さらに、憲法パトリオティズムは変化していくし、無から創造されることもない。同じ趣旨で、我々が合理主義者的－主意主義者の誤謬とでも呼べるようなものにも当てはまらない。すなわち、言い換えれば、憲法パトリオティズムは、愛着が純粋に合理的で自発的でなければならないとは主張しないのである。さらにまた、憲法パトリオティズム（というより我々）は、我々の気質や感情を再び形作るが、まったくもって現実性を欠いた純粋な意志の政治に依拠しない。マイケルマンは、この点をやや詩的に、「憲法パトリオティズムは道徳的理性と道徳的経験の可能性を回復し説明する。しかし、同時に憲法パトリオティズムは、それら理性や経験が、我々が完全な忘却のうちではなく、我々の特定の郷土から生じる文化というたなびく雲のうちで思い浮かべるようなものであることを示すのである」。

このことは次のようなことをも意味している。すなわち、憲法パトリオティズムは、社会学者が「概念として多義的で、経験的に誤解を招き、規範的に問題のあるもの」と正しく指摘してきた、「良いものとされる市民」ナショナリズムと「悪いものとされる民族」ナショナリズムとの区別を不要にする。(27) したがって、我々は、憲法パトリオティズムを市民ナショナリズムの新しい形態と呼ぶべきではない。すなわち、憲法パトリオティズムは、市民ナショナリズムとは違い、共生のために変化していく構想であり、民族ナショナリズムであれ市民ナショナリズムであれ、いかなる種類のナショナリズムとは異なる道徳心理学を示唆するのである。

しかし、憲法パトリオティズムが市民の絆（bond）に関する理論である一方で、社会的連帯を創り出す方法を我々に教えないということが深刻な限界ではないか、という疑問が浮かぶかもしれない。同じ国家の構成員はお互いを信頼しお互いのために犠牲を払う覚悟があると主張するリベラル・ナショナリズムの方が、この点で規範的そして説明的な記述として明らかに勝っているのではないか、という疑問も浮かぶかもしれない。我々は、ネーション（nations）のために人々が犠牲を払う覚悟があるという証拠を、毎日眼にしていないだろうか。実際、すべてを犠牲にし、死をも辞さない様子を見ないだろうか。他方で、我々は、誰にも知られていないポスト・ナショナリズム支持者の墓を恐らく一生見ることがないだろう。

政治的境界の形成に関する私の立場とは違って、私にはここで譲歩する準備がない。ナショナリズムと福祉国家との間の概念的関連性を推論するために、リベラル・ナショナリストは、いくつかの重大な側面でお互いを似たもの（あるいは同一のもの）と感じる人々の間では連帯がより強いと主張しなければならなかった。確かに実際、決定的ではないが、民族的に同質的な社会が再分配のより高い度合いを維持することができる、といういくつかの経験的な証拠がある。この関連性を支持する一つのあり得る倫理的な主張は、ナショナリティそれ自体が裕福ではない同胞国民のための福祉の提供の義務を課しているというものである。言い換えれば、まさに自身をある家族の構成員と考えることが一定の責任を伴うように、同胞国民として自らを認識することは、一定の義務の賦課を伴うと仮定されるのである。しかし、家族への義務についての「共有理解」、あるいは道徳直観は、ナショナリティに関する類似した直観よりも、さらに深く、さらに広く行き渡ったものである。「ネーションに基づく連帯」は、政治文化や集合的な倫理的自己理解における大規模な変化にとりわけ脆弱な連帯の一形態である。結局のところ、ナショナリズムの福祉に関する影響を支持する、アイデンティティに基礎を置く道具的な主張は、依然として歴史的に強く偶発的なものである。そしてまた、それは、我々がまだ正しい「ナショナル・アイデンティティ」を得ていない場合に、どのようにすればそれを得られるのかを我々に教えもしない。

より説得力のあるかもしれない一つの主張は、共有された国民文化の範囲内における他者のための犠牲は少しも犠牲ではない、と見なすものである。それどころか、この理由付けによれば、国家が自己に関するより広範な感覚を提供するので、犠牲は実際には純粋な利他主義的行為ではない。この主張の倫理的立場は、依然として曖昧なままである。特に、この種の「拡大された利己主義」が倫理的な主張の構成要素となるかどうかは明らかではない。再分配のために税金を払うよう国民国家によって強制される人々の多くが、そのような「より広範な自己」に関するこのような観念を実際に心に抱いているかどうかも疑わしい。そして、たとえ市民がより広範な自己の一部分として自らを理解しているとしても、より広範な自己がそれ自体をどのように理解するのかという問題が依然として残る。言い換えれば、より広範な自己としてのネーションは、大規模な再分配と結びつかない正義の理念を有しているのかもしれない。もう一度繰り返すことになるが、この思考によって、正義は変化する「共有理解」とメンタリティのなすがままにされるのである。

そして、信頼という問題もある。それについてはあまり強調しすぎることはないが、福祉の提供が機能するためには、福祉の提供を与える役割の者と、与えられる資格のある者が法を順守する約束が必要となる。この主張によれば、制裁が順守を保証するのに幾らかは役立つが、福祉の提供のスキームは、市民がお互いを信頼できるときにしか正常に機能しないだろう。しかしながら、信頼は、同一性と並び立つものであるように見られる。言い換えれば、市民がお互いと似通っており、特に、同胞と共に連帯することをすすんで示すという重要な側面において似通っていると想定している時にのみ、それは機能するのである。したがって、問題とされている特定の同一性、あるいはアイデンティティが全般的に連帯を促進するかどうか、という問いに回帰することとなる。もちろん、これは政治が成功することにとって、信頼が関係無いと主張するものではない。しかし、共有された政治的プロジェクトや、そのプロジェクトについて関心を抱き、配慮することから信頼が生み出される、と主張することの方が説得的ではないだろうか。言い換えるならば、憲法文化の維持や推進のような、実際の実践や現実的に共有された活動こそが、「国民文化」ではない政治的アイデンティティを創り出すのである。

しかし、このリベラル・ナショナリズム流の理由付け全体に対する最も重要な反論は、おそらく次のものであろう。すなわち、福祉国家が参加と正義を求める政治的闘争の結果として現れたということは、度を過ぎた歴史の一般化ではない。「共同社会の連帯」が「近接性と共有された運命という感情あるいは幻想」を作りだし、それらが「配分的正義の前提条件である」ことは極めて稀である。[28] むしろ、時に人々は、他者に対して説得したり、あるいは強制さえしたりして、彼らが運命を共有しており、したがって再分配のスキームに参加することが賢明であることを認めさせてきた。そして、このようなスキームに参加するという習わしは、「共同社会の連帯」という感情をいつかは生じさせるかもしれない。しかしながら、社会的正義を求める運動はネーションに依拠したレトリックにはほとんど依拠しなかったし、福祉国家は政治的闘争（あるいはそれらの闘争を避けようとする国家の試み）の結果である。福祉国家は、同胞意識を好意的に広げる男たち（文字どおり男である）の成果ではないのだ。

結局のところ、「ネーション」の動機づける力に関するリベラル・ナショナリズム支持者の主張は、我々全員が「ナショナル」であるように見える自己犠牲のイメージを思い描くことができる（特に戦争においてそうしやすいように）がゆえに、非常に説得力を持つように見えるのである。しかし、このような犠牲を払ってもいいと思わせる感情的な力は、ここで「ネーション」を戦場におけるそれとして見なした時に、よりよく理解することができる。つまり、防衛されなければならないと人が考える、準宗教的、超越した抽象物であり、過去、現在、未来を繋ぐ神秘的な組織体（body）、あるいは、家族や友人という非常に具体的な集団として、「国家」を見なした時である。このような神秘的なナショナリズムあるいは個人的忠誠は、控えめに言ったとしても、実際に存在する見知らぬ人のために税金を払うことを望む市民の日々の自発性とはまったく違った事柄である。

もう二つの反論――憲法パトリオティズムは国家主義であるのか、そして市民宗教であるか？

以下で、私は「血の通った」概念を求めるよくある理論上の嘆きではなく、別の二つの重要な反論を扱うこととする。それらの反論は、原理としては憲法パトリオティズムの動機づけの力に疑義を提起していないが、憲法パトリオティズムがその中核にあるとする普遍的な民主主義的規範や価値を考慮せず、必然的に非リベラルになる傾向があるという主張に収斂している。別の言い方をすれば、ナショナリズムと関連づけられ、実際に憲法パトリオティズムの支持者によって展開されるナショナリズムへの批判に力を与えていたような、規範的かつ実践的な落とし穴を、憲法パトリオティズム自身が避けることができないかもしれないと主張されるのである。

私が思い浮かべる憲法パトリオティズムに対する二つの反論とは、以下のように定式化される。まず、憲法パトリオティズムは実際には「国家主義的ナショナリズム」の一形態であり、したがって究極的には通常はナショナリズムと関連付けられるような問題を繰り返す傾向がある、という主張である。ジョゼフ・ワイラーがヨーロッパ憲法パトリオティズムの擁護者を批判するときに示したように、「善き立憲自由主義者であるということは、この成句からわかるように、憲法ナショナリズムの支持者であることであり、憲法上の利害（strakes）は価値や権力の制限に関係するのみではなく、その反対のこと——つまり、そのような価値の下に潜む権力——にも関わる」[29]のである。第二に、憲法パトリオティズムは必ずしもナショナリズムの一種ではないが——これは規範的に、そして実践的にさえより悪いことかもしれないが——「市民宗教」の一形態である。大まかに言えば、過激な事例においては集合的自己崇拝の一形態であり、少なくとも、市民に自らの憲法と市民神話を準‐超越的対象と見なさせるイデオロギーである。

明らかに、これら二つの反論は、かなり異なった哲学的‐規範的、そして経験的レベルにある。しかし、それらの反論は、両方とも、簡潔には「同一化の論理」と呼ばれうるものに対する一定の疑念によって力を与えられていると言える。それは次のことを意味する。憲法パトリオティズムは、上述した反論を信奉する批判者によって「政治的アイデンティティ」の一形態であると受け止められている。そして、必ずしも政治的アイデンティティの一形態と受け止められたのちのすべての理由づけの道筋が説明されていないが、「アイデンティティ」とは明らかな敵ではないにしても、常に「他者」を除外し、かつ必要とすることが想定上導かれる。「政治的価値は、民族的な忠誠と同等に、集団的アイデンティティの効果的な指標となり得るし、また排除的になり得る」、したがって憲法パトリオティズムは「シティズンシップという国民国家の伝統」に留まり続けると主張される。(30)

これらの反論に対して、憲法パトリオティズムを単なる批判の一形式として再定義することで対応しようとすることはたやすい。そうするならば、憲法パトリオティズムは「同一化へ抗する」ための手段となり、それ自体としては「同一化」の一形式ではなくなる。また、より簡単に「他者を包摂し、更にそれを前に勇気を持って進めていく」ことを推進する規範的要求と合致するかもしれない。[31] いわゆる「同一化の論理」は単純に不可能とされ、憲法パトリオティズムはもはや直接的な方法で市民が共有するものを概念化しなくなる。これは、実際には市民が共有するものを普遍主義的規範と価値の名の下で批判するようなものである。

さて、憲法パトリオティズムが完全に規範的に正当化された集合的アイデンティティとして成功を収めているのでない限り、憲法パトリオティズムが第一義的には批判としての役割を果たすと主張することは、実際には常に可能である。あるいは、次のように言うこともできるかもしれない。そのような集合的アイデンティティは決して達成されることがなく、規範的野心と現に存在する憲法文化との完全な一致――あるいは、憲法パトリオティズム的な「終結」とか、サミュエル・ハンティントンが「IvI」ギャップ（つまり、観念対制度）とかつて呼んだものを埋めることと言ってもよい――は、不可能でもあり、かつ根本的に望ましくないのだ、と。[32] それゆえ、以下のように言うことの方がより妥当に見える。現に存在する憲法のどれもが、より広範に言えば、現に存在する国家の構造のどれもが、純粋な普遍主義から得られる期待に添うことは絶対にないのだから、憲法パトリオティズムによって惹起された批判は、市民による既存の政体への問題のない同一化といった結果に至ることが決してない、永遠に続く批判の一形態であると。このような終結の欠如は、同時により完全に近づいていく一方でしかし絶対に完全になることのない、普遍主義的理想の実現のための努力を続ける動機を提供する。

私は、先の早い段階で、こうした一つのプロジェクトを中心としたものとして憲法パトリオティズムを捉えることをすでに提案し、それをあらためて述べるつもりもない。しかし、私には、批判だけを強調することは、当初述べた反論に対する単純過ぎる対応法であるように思える。そこでは、その他の集合的アイデンティティが持続し、批判としての憲法パトリオティズムがそうしたアイデンティティに対して働きかけることができることを暗黙のうちに想定している。そして、機械論的モデルのように見えるものを基礎として、憲法パトリオティズムを、政治文化を「浄化」する継続したプロジェクトであると想定するように思われる。つまり、政治的安定は既に何らかの形で保証されているという、本質的には議論されていない前提がそこにはある。同時に、すべての政治文化は常に特殊主義の正統ではない形態によって汚染されており、それゆえ憲法パトリオティズムの名において清められねばならないと主張される。これらはすべて話のごく一部であり、全体としての話ではありえない。あるいは、これは憲法パトリオティズムのもつ顔の一つでしかなく、憲法パトリオティズムは、私が前述したように、ヤヌスのように二つの顔を持つ。

したがって、最初の反論に関して、憲法パトリオティズムが実際は国家主義的ナショナリズムの一形態であるという考えは、文化ナショナリズムと政治ナショナリズムの区別に依拠するものであるとも言える。(33) 文化ナショナリズムは「共通の歴史と社会的文化を持つ者は、自らの文化に忠実であり、それを世代を越えて維持していくことに根本的で道徳的に重要な関心を持っている」と想定する。(34) これに対して政治ナショナリズムは、国家が正義、福祉、そしておそらく自由さえも含む政治的価値を実現するには、国家の市民は単一の国民文化を共有するべきであると主張する。チェイム・ガンスが主張するように、国家主義的ナショナリズムとは「共通のネーションに基づく文化が、その文化に由来せず、保護の対象としても意図されていない政治的諸価値を実現するための手段あるいは条件であることを導く立場」を意味する。(35) 単純に言えば、文化ナショナリズムは文化を目的とし、対して政治ナショナリズムは文化を手段と見なす。この分析に従えば、憲法パトリオティズムは――一見して理に適っていなくはない仕方で――国家主義的ナショナリズムと同列のものとされうる。

このような区別から導き出しうる反論がもつ力を認識することは重要である（私は、ここで描写する実際の規範的反論をガンス自身が導きだしているとは主張してはない）。第一に、憲法パトリオティズムは――一連のまとまりのない普遍主義的信念ではなく――実際に市民の愛着あるいは政治的忠誠の一形態である限り、必ず国家に焦点を置く必要がある。第二に、憲法パトリオティズムが特定の政体に焦点を置き、規範や価値に関する共通の一連の信念によって特徴づけられる同質的な政治文化の形成を目指す限りにおいて、必然的にナショナリズムの一形態となる。もちろん、多かれ少なかれ専断的に、もしナショナリズムが純粋な文化現象であると定義されたならば、反論は誤りである。しかし、これはものごとを単純化しすぎているだろう。この反論が提起しているのは、憲法パトリオティズムが純粋に批判として理解されるのでなければ、——先に説明したように——構造的にはナショナリズムとまったく違わないかもしれない仕方で必然的に国家主義であり、特定のものであるということである。歴史的には、パトリオティズムは、一八世紀の終わりに興った文化ナショナリズムよりも「国家理性」により近いものである。[36] 批判者は、憲法パトリオティズムは単純に市民ナショナリズムであり、市民ナショナリズムは依然としてナショナリズムの一種であるが、文化ナショナリズムと比べて、自動的に危険を伴わないわけではないと主張する誘惑に駆られるかもしれない。特に、憲法パトリオティズムが、カール・シュミットのような反リベラルであれば民主主義にとって不可欠と認めたであろう仕方で、また包摂性、個性、多様性といった価値を多かれ少なかれ直接的に危うくするような仕方で、市民の間の同質性を依然として目指している、と批判者は言いたくなるかもしれない。

私見によれば、憲法パトリオティズムを国家主義的ナショナリズムと等しく見なす見解に対抗して擁護するには、以下のことに着目すべきである。憲法パトリオティズムそれ自体は特定の政体を正当化するものではなく、もちろん政治的安定を保証する万能薬でもない。その理由は、単純に、憲法パトリオティズムの規範的に実質的な概念は公正な条項に基づき政治空間を共有するという観念に依拠するからである。憲法パトリオティズムはそのような観念を支持する動機を無から創り出すことはできないが、それに対する継続的なコミットメントを解明し、そのようなコミットメントを発展させうるのである。

しかし、重要なのは以下の点である。憲法パトリオティズムは個人がそれぞれもつ信念の同質性や、その他の政治的あるいは社会的価値観を実現するのに役立つ帰属、もしくは自発的アイデンティティを意味するのではない。憲法パトリオティズムは、ここで擁護される実質的に規範的な見解においては、それ自体に価値があり、単に正義やその他の価値観を促進するのではなく、実際に正義やその他の価値観へのコミットメントをもつ市民の信念や性向を概念化する（たとえば協働に関する公正な条項の下で政治空間を共有するという考え方の形態などである）。ナショナリズム――そしてより正確には国民の同質性への「信頼」――は、我々が「国家主義的ナショナリズム」と呼ぶかもしれないイデオロギーにおける手段である。すなわち、それ自体は（文化的国家をそれ自体として価値とする文化的ナショナリズムとは違い）善ではない。他方で、ここで定義された憲法パトリオティズムとは、正義、もしくは連帯から切り離されえず、単に手段としては見なされ得ないのである。共通の文化を社会的連帯の手段とするリベラル・ナショナリズムを、ガンスの分類に従い、一種の国家主義的ナショナリズムとする限り、憲法パトリオティズムの論理はリベラル・ナショナリズムの根底にある論理とは根本的に異なる。対照的に、憲法パトリオティズムは、第一義的には国家ではなく政治的原理と関連付けられ、それ自身の内に規範的価値を持つ——たとえそれが、上述したように、完全な規範理論、もしくは完全な規範的正当化でないとしても。したがって、やや逆説的であるが、憲法パトリオティズムは正しく定義するなら本質的に善であり、しかし概念としては規範的に従属的である。

それでは、憲法パトリオティズムが市民宗教の一形態であるという疑惑はどうか。ここで「市民宗教」についての三通りの考え方を区別しておくことが役立つであろう。第一に、宗教が根源的に政治生活を構造化するという宗教性の強いヴァージョンがある。そのような社会の宗教的「構造化」のパラダイムケースは、マルセル・ゴーシェによって詳しく述べられている。(37)「市民宗教」にまつわる問題を本格的に考察するには、その手始めにゴーシェの主張を検討しなければならない。その主張とは、よく知られている「宗教からの退出」とゴーシェが名づけたもののあとに来るとされる現代という条件下では、完全に宗教的な組織化は単純に得られないというものである。そして、もしそのような構造化――あるいは再構造化――が、現代の条件下で試みられたならば、結果として全体主義の一形態になるだろうと主張される(38)。

第二に、古典的なルソー的ヴァージョンがある。このヴァージョンは、広く定義された宗教上の信念、あるいは「自然宗教」、あるいは市民の宗教をある一定の共和主義的政治を可能にする手段として扱う。それは二〇世紀のルソー主義者によってまとめあげられた心情（sentiment）であり、二〇世紀のルソー主義者は、「我々の政府は、深く感じとられる宗教的信仰に基づいていなければ、意味をなさない――そして私は政府がどのようなものであれ構わない」と主張した。それならばこれは、根本的に機能主義者的な視点から宗教をみるものであり、宗教を道具として扱う視点である。

第三に、より弱い、準‐社会学的な主張がある。この主張において、市民宗教は多かれ少なかれ、一般に宗教と関連付けられる概念、傾向、そして態度のメタファーを用いた訴えかけを示す。そしてこれは特に、そのような概念、傾向、態度が宗教の対象から政治の対象へと移行されたと見なす見方を示すのである。旗、国歌、忠誠の誓い、政治家の墓所での式典、「憲法記念日」、憲法の名前を冠した戦艦などの象徴への畏敬の念（veneration）は市民宗教の構成要素であり、「宗教」は究極的には憲法がもつ「象徴のもつ力」を創造し強化する過程のためのメタファーでしかない[39]。

ここ示された区分は明らかに粗いものであるが、私の目的のためには、憲法パトリオティズムの批判者にとって関係があるのは明らかに第三の種類の市民宗教であるというだけで十分である。我々は、これらの規範的懸念がどのようなものであるか、そしてそれらがそもそも有効であるのかを問わねばならない。私は二つの規範的危険性を区別したいと思う。一方で、憲法や歴史的な出来事の記憶、特定の歴史的な人物、あるいは特に憲法と関連づけられる記憶の場などに対する畏敬の念の態度が、「批判的ではないシティズンシップ」という形態と呼ばれうるものを助長するかもしれない。「憲法が文書によってのみ生きているものではない」ということや「憲法共同体」は常に「記憶と経験をもった共同体」を構成するということは真実かもしれない[40]。しかし異なった「共同体」はそれぞれかなり違ったレベルでの異議申し立てと批判を許し、ジャン゠マルク・フェリが「対決による合意」と名づけたものは、文化的実践を通じた合意や、あるいはルイス・ハーツがかつて「順応するエートス」と呼んだものとはかなり異なる。

憲法への畏敬の念のいくつかのパターンは、政治的不同意を思いとどまらせ、あるいは極端な場合、完全に不可能にするために、政治的エリートによる憲法的象徴を用いた戦略的操作を促し、そのような象徴の意味を「獲得」し、「脱文脈化」するための競争を助長するかもしれない。そのような非リベラルな筋書きは除いても、たとえば一九二〇年代のアメリカ合衆国で起きたように、「相次ぐ敬虔な活動」は、問題それ自体を解消しようと試みる、より根深い構造的な「民主主義の問題」の信頼できる指標であるかもしれないということが、一般的には事実であるかもしれない。その場合、政治理論は、相次いだことについての理論を提供するより、恐らくこれらのより根深い問題に対処するべきであろう。[41] つまり、民主主義的異議申し立てと憲法への畏敬の念の間には本当のトレードオフがあるのかもしれず、少なくとも憲法パトリオティズムが前者を可能にするよりも、後者を可能にしていると想像されえる。

しかし他方で、「市民千年説」や、「選民シンドローム」と呼ぶことができるようなものの危険もある。それらは、ジョン・ポーコックが示したように、かなり頻繁に共和政治と関連付けられてきた。[42] 社会心理学の観点からは、例えそのような移行が概念的にはまったく必然的でないにしても、自らの神聖化から自身の優越性への信仰への移行を避けることは、単純に非常に難しいと言えるだろう。この伝道による刺激、あるいは宗教的想像への脅迫的連結は、歴史的にはパトリオティズムの徳と関連付けられてきた防護的姿勢よりも、多くのナショナリズムの説明に類似するようになるだろう。

リベラル共和主義的パトリオティズムの抽象的な諸原理は、常に具体性による補完を必要とする、もしくはそのような原理を支持し、そのために戦う道徳的動機づけを産出する具体的な敵対者（opposition）でさえ必要としているように見えると簡単に結論づけるものもいるかもしれない。ここにおいて、我々は、ケイティブが批判したある種の非リベラルで反個人主義的な「集団に基づく意味深さ」としてパトリオティズムを捉えること、また同様にケイティブが強調した「パトリオティズムと戦死（militarized death）との関連」からパトリオティズムを認識することに近づく。そして確かに、歴史的にはパトリオティズムと自己犠牲の観念は密接に関連していたのである。特に、キリスト教的な自己犠牲や愛（*agape*）の理想はしばしば神聖化された故国へと変換されてきた。パトリオティズムは神聖化され、宗教は国家の理性と接続する。(43)

ここでもまた、簡単な解決法がある。それは、憲法パトリオティズムについてのこのような疑惑を定義の決定（fiat）によって解消するというものである――同時にいくらか複雑な応答も存在する。簡単な解決法とは、実は当初のハーバーマス的な憲法パトリオティズムの構想に回帰することである。ハーバーマスは、自身の憲法パトリオティズムの構想を広範な共和主義的伝統に位置付ける一方で、市民の友愛を中核とした問題のない国家以前の（そして近代以前の）パトリオティズムへの回帰が可能だとは考えなかった。「憲法への畏敬の念」は明らかに「正統な」ハーバーマス流の憲法パトリオティズムと適合しない。もちろん、批判者は、我々は誇りと友愛なしには生きられないだろうことを理由として、反対するかもしれない。さらに、憲法パトリオティズムが道徳的動機の一形態として効果を発揮するには、上述したようなある種の危険性が高い特定性の補充が起きる可能性を常に孕んでもいる。

ひとまず、その点は認めることとしよう。とりあえずは、継続的なポスト慣習的およびポスト伝統的な心情や行動のパターンは、以下のものの前では単に維持されえないとしよう。意志の弱さやおそらくは具体的なものへの渇望、政治における象徴と意味への溢れんばかりの美的欲求、敵という動機づける力と敵という意味を生み出す存在、あるいは憲法パトリオティズムの批判者が考えるかもしれないあらゆる他の理由(44)の前では、維持されない。決定的な点は、憲法パトリオティズムは——その規範的に実質的で、純粋に実証主義的でないヴァージョンでは——、自らの内に第三の種類の市民宗教と関連付けられる危険や問題に対処し、正していくことができるような資源を持ち合わせていることである。明らかに、そのように正すことは特に効果が明らかになるまでに時間がかかるかもしれず、その場合には憲法パトリオティズムと関連付けられるかもしれない「同一化を求める(identitarian)」非リベラルな脅威に苦しむ者には手遅れであるかもしれない。しかし、それでもたとえば、そのような正していく傾向性を備えていない、リベラル・ナショナリズムの政治よりはまだましだろう(リベラル・ナショナリズムが実際はナショナリズムであり、ナショナルなリベラリズムではないと仮定してのことだが）。

私は、憲法パトリオティズムに対する三つのあまりなされてこなかった反論、つまりいずれも憲法パトリオティズムの中核にあるとされる「同一化の論理」の危険性を指し示すような反論が、確かに利点を欠くものではないということを示そうと試みてきた。しかしこれらすべての反論に対し、規範的に豊かな憲法パトリオティズムの構想が内包すべき資源を活用することで、効果的に対抗することが可能である。急いで付けくわえねばならないが、そのような資源は、実践において憲法パトリオティズムが非リベラルで排他的にならないと保証することはできない。全面的な非リベラリズムを除いて、憲法裁判所や政治的エリートが、何が憲法的価値であるかを決める、上からの憲法パトリオティズムによって、統合を上から公式に管理する（*hoheitliches Integrations management*）亡霊として憲法パトリオティズムが描写されるものとなるかどうかも、同じくわからない。[45] しかし私には、保証を欲しがる政治・法理論家がそれを本当に期待しているのかは定かではない。また、最初から「他者化」することへの恐怖のあまりに「アイデンティティに関する対話」を禁止したがる者たちや、シュミット的な「hで始まる言葉」（ここでは「同質性、homegenity」のこと）を同盟に関する話やあるいはただ政治的アソシエーションの結成の話が出た途端に使用しなくなる者たちが、期待していることも定かではない。民主主義政治はリスクを伴うものであるし、保証もない。特に、国家によって自らの政治が完全に保証されたり――あるいは命じられさえも――することを望まない、そして上からの集団的忠誠を管理することに対して抵抗したがる、自由で平等な市民が共有する空間の中では特にそうである。憲法パトリオティズムはその共有される空間、さらにはそれを超え出た範囲での正しい市民的態度に賭けた理論である。それは保険証券（insurance policy）ではないのである。

実践的な憲法パトリオティズム？

最後に、より具体的な疑問に焦点を当てようと思う。特に、「適用された憲法パトリオティズム」は、その制度に関する限りでは、ただ何らかの形のリベラルな民主主義にならないか、そして市民自身がどのように感じ、考えるのかという点について、より自己批判的な態度を取るのみではないか、という疑惑について検討したい。この場合、これまで提案した多かれ少なかれ大がかりな理論的装置は必要とされなくなるのではないか。この節において、私は、憲法パトリオティズムが実際に含意する可能性のあるもの、特に少数派の「統合」と、社会全般の「統合」に関する疑問について言及したい。超国家的統合という別の問題については、三章および最終章で言及する。

とはいえ、最初に大雑把な論点を提示しておきたい。すなわち、私には、非常に一般的な規範的レベルにおいては「統合」についてたいしたことは言えないように思われる。リベラル・デモクラシーが侵害してはならない核となる原則は存在するが、それ以外については、問題となる国家や少数派グループの特定の背景となる歴史や願望、文化的信条の体系、家族や部族の構造などに大いに依拠するだろう。たとえば、ヨーロッパ中の「ムスリム共同体」がこのように「統合」されなければならないと述べることは、「統合される」人々がムスリムであることを知っていることが、知っておくべき最も大切なことであるということを当然のこととしている。それはあたかも、外国からの出稼ぎ労働者であった父親を持つ、ドイツの中流階級に属する在独トルコ系非市民と、アルジェリア独立戦争でフランス軍と共にアルジェリア反乱軍と戦ったアルキ (*harki*) の父親を持つ、フランス市民との間には大きな違いがないとするようなものである。さらに、このように考えられた「統合」という言葉そのものが、大規模で多かれ少なかれ高慢な社会工学のスキームによって人々が動かされ、追い込まれるというイメージを想起させる。このイメージは、さらにその言葉の使用者に「境界」や「基準」が明確に特定できると考えさせ、人はその「閾値」の上にいるか否か、あるいはリベラル・ナショナリズム支持者が好む「国民文化」の内か外にいるように考えるようにそそのかすのである。

「統合」について一般的に言えるのは、私の考えでは、以下の通りである。中核的な原理の中核は、統合に関する限りでは、公正さであり、それは本章において提案される憲法パトリオティズムの強力な道徳的読解に命を与える観念である。このことが意味することは、自らを憲法パトリオティズムに従うものと理解する政体のなかで生活し働いたことのある人々にとって、市民的包摂の一応の根拠が存在するということである。したがって、出稼ぎ労働者、あるいは不法滞在外国人と呼ばれる人々が社会的協働の限界づけられたスキームに貢献すると明らかになっている場合に、そのような人々を延々と排除し続けることは、ここで擁護される読解の下では認められないものである。

しかし、翻って、包摂されるところの人々が何らかの基準を満たしているべきということは許容できる。この条件は、例えばリベラル・ナショナリズムの範疇よりも、憲法パトリオティズムの枠組みの中でより明確に、より正しく述べることができるものである。私の見解では、ここで描写されたような憲法パトリオティズムとそのより具体的な形における表現を、文化と民族性に必然的に汚染されたものとして、そして、それゆえたとえばドーラ・コスタコポロウが示唆したような点で排他的なものとして考えることは誤りである。[46] シティズンシップに関するテスト自体が何も保障しないことはまったくもって真実であるし、統合が「集合的心理過程」であると理解されるならば、「法によって命じられる」ことはできないことも真実である(47)。実際、移民とその子孫の貢献が適切に認識された環境は、政治的知識に関する一回限りの検査よりも、統合や「帰属意識」のために重要だろう。なぜならば、一回限りの検査では、シティズンシップを得ようとする者の実際の政治的態度をどのみち示さないであろうからである。高尚な普遍主義の宣言は、もし公正なスキームと非差別の文化によって調和されていないならば、良くても偽善的にしか見えない。これはおそらくフランス共和主義の悲劇である。その悲劇とは、国家を通じた普遍的なアクセシビリティを約束しながらも、社会において日常的に差別を目にしているというものである――ただし、文化および民族に従って統計を取ることは、国家を盲目で社会的に判読能力のないものとするために、国家は実際にはその差別を目にすることができない、という点を除けばだが。

同じように、ある国の主要言語を話す能力は、特定の市民的語彙を習得するよりことよりも、統合にはるかに貢献する可能性がある。この点に関する議論の両方の立場に見ることができるのだが、ここで口先だけで語ることは簡単である。すなわち、義務的な言語習得授業を支持する者は、しばしば、大人が「学校に戻される」ことは難しく、また時には屈辱的な事柄であることに気付いていない。その一方で、そのような授業に反対する者は、ある政体を「複数の共同体からなる共同体」と見なすことにコストが存在しないとあまりにも性急に推定している。ここでは、言語的能力（そして市民的能力）に欠くがゆえに、特定の共同体に閉じ込められた者たちによって払われるコストがあるにもかかわらずである。

重要な点は以下の通りである。すなわち、単純な市民登録手続を越えたあらゆる要件と期待が敵意の合図を送り出すわけではない。そして、それゆえ、「アイデンティティ」を確証するように見えるもののすべてが、基本的に他者の排除を促進するように仕向けられているわけではない。さらに、シティズンシップにとって大切であると見なされる政治的、あるいは時には歴史的知識のすべてが民族的土台に基づいて自動的に排除的なものであるというわけでもないのである。出来事、歴史人物、そしてより広範な原理それ自体が、包摂に関するより大きなナラティヴの一部となる可能性がある。それがどのようにしてなされるのかに、すべてが懸っているのだ。「メンバーシップは［…］参加、アクセス、帰属、そして特権の儀式を伴う場合のみ意味を持つ」という見解には多くの利点がある[48]。このような市民的意味づけを行うことと能力を構築することが、人によっては、愚かであまりにも「近代主義者」的であるように見えることは間違いない。しかし、それは明らかに正統性を欠いた要求ではない。

確かに、憲法パトリオティズムは、市民ナショナリズム（これは、頻繁に指摘されてきたように、それ自体が実際の文化的開放性や、ましてや社会経済的多孔性の指標ではない）としばしば関連づけられたような、伝統的な――そして正しくもその信憑性を失わせられた――文化的画一性としての同化主義という理想への回帰ではない。憲法パトリオティズム的「統合」は、文化的変容を強いるものではなく、もちろん、同化を意味するのでもない。ましてや吸収を意味するものでもない。言い換えれば、それは、リベラル・ナショナリズムが助長しがちである、根拠のない想定と期待の連鎖ではないのだ。むしろ、ロジャース・ブルーベイカーに従って、同化についての理解を「他動詞的」なものから「自動詞的」なものへと移行することを想像したくなるかもしれない。すなわち、統合を「彼ら」を統合するものと見なすのではない。そうではなく、（多くは国家の保護下で）相互の熟議的な取り組みを通じて共に達成されたものとして再構成された「我々」が現れるような方法で、「彼らと一緒に」統合するものとして見なすのである。[49]このような理解による統合は、差異や多様性という価値と規範的に対立しないが、周辺化することや「ゲットー化」を実質的に防止するものであり、したがって、「悪意のない無視」と対照を成すのである。[50]

最後に、我々が憲法パトリオティズムの既に存在する、あるいは発展している形態をどのように見分けるか、という点についての指標を提案させてほしい。つまり、その名称ではなく、それ自体をどのように見分けるかという指標である。第一に、ある国の特定の移民管理制度が「普遍的資源」として大まかに分類され得るか、である。[51]あるいは、特定の民族的選好が移民政策を構成しているかどうかである。移民管理においてより開かれていることは憲法パトリオティズムの指標でもあるが、移民管理が特にリベラル（気前よい開放性という意味でのリベラル）でなければならないということではない。しかし、明らかな民族的選好は、一般的には一定の民族集団が「国民文化」とより容易に「両立」すると見なされるような、リベラル・ナショナリズムであることを強く示唆するかもしれない。

第二に、シティズンシップのための試験と参加の儀式が政治的価値に焦点が置かれているのか、あるいは、それらが、明確にであれ、暗黙の内にであれ、「生き方」や国民文化、言うならば、より濃度の高い人倫（*Sittlichkeit*）に焦点が置かれているのか、である。この点についてしっかりとした区別を行うことが難しいのは明らかである。それでも、ある種の質問の多くは、実際には、憲法パトリオティズムというよりも、リベラル・ナショナリズム（粗悪な政治的判断はもちろんのこと）に依拠しているだろう。たとえば、ハイカルチャーや、また、きわだって特殊な生き方の一部と特異な仕方で直面させること（オランダの海岸で胸を晒す女性や、ゲイのカップルがキスをしている図像によって、オランダへの移民を検討している人々に対抗しようとした、オランダのリタ・フェルドンク大臣の悪名高い提案のようなもの）に焦点を絞った質問はリベラル・ナショナリズムに依拠しているだろう。

第三に、メンバーシップのための試験と儀式が申請者全体に適用されているのかどうかである。一貫性の無さは、リベラル・ナショナリズムか、特定の国民文化によって多かれ少なかれひそかに吹き込まれたままでいる共和主義の一形態を再び指し示す。[52] 幾つかのドイツの州が失敗した、いわゆるムスリム国家からのシティズンシップの申請者に対してのみ一定の試験を適用しようとした試みがその例である。

第四に、移民管理制度およびメンバーシップの権利と義務の公的正当化が、政治的価値と憲法の必須事項に特に方向づけられているかどうか、である。ここでも、しっかりとした区別を行うことは困難であるが、親族関係によって移民を正当化する制度と、経済的利益によって正当化する制度、あるいは歴史的な結びつきや遺産によって正当化する制度の間には明らかに違いがある。

第五に、国の事実上の多文化主義に対する法的アプローチがどのようなものか、特に、それが民族、宗教、文化共同体と全般的に一貫しているかどうか、である。たとえば、自由至上主義的な言論の自由を支持する制度が存在しているのか。あるいは、ドイツとその他の大陸法系の国のように、集合体が持つ尊厳が認められている、もしくは、集合体が侵害されうる能力を有すると明確に認められるがゆえに、「尊厳主義」と呼ぶことのできるものであるのか否か。[53] もしそうした尊厳が認められるとするならば、たとえばトルコ刑法が「トルコ性（Turkishness）に対する侮辱」に刑罰を科すことができるようにするような方法で、特定の保護に服する多数派文化として考えられるものが存在するのか。ここで一方が必然的に憲法パトリオティズムに向かう指標であり、もう一方が憲法パトリオティズムから遠ざかる指標であると言いたいのではない。むしろ、問題となるのは、リバタリアン・アプローチの、または尊厳主義アプローチの、一貫性である。ここで、一貫性の無さは、憲法パトリオティズムよりむしろ、リベラル・ナショナリズム（あるいは時には非リベラル・ナショナリズム）を示す。

第六に、特にどのような方法で移民とシティズンシップの申請者が「国家の困難な過去」に理解を示すように期待されているのか、である。例えば、ホロコーストに対する国家のかかわりや植民地主義の遺産のようなものに、彼らがどのように理解を示すように期待されているのかである。移民には多数派の国家的過去に関して、批判的な態度を共有するように求められているのか。あるいは、「後悔の政治」を彼らの（あるいは彼らの両親の）出身国の歴史と物語にとって意味のあるものとするよう求められているのか。移民先の国家の難解な過去に対して批判的に取り組むことが、皆が同じ国家的アイデンティティやプロジェクトを見直し発展させるからと言って、リベラル・ナショナリズムを必然的に示すと考えることは誤りである。また、難解な過去のすべてが簡単に「普遍的教訓」を生み出すことができ、それゆえ、国家的特殊性がどうにかして完全に回避することができる、と考えることも現実的ではない。この点については次の章で扱う。私の感覚では、「普遍的教訓」を強調することは、それが妥当である場合は、「深く関わった歴史」や交差する歴史に焦点を置くような、より包摂的なアプローチとして、憲法パトリオティズムを示すであろう。後者は、政治文化が相互開放の過程においてより多孔性があるようになってきているという特に強い指標である。しかし、そのような質問により意味のある答えを提供するためには、個々の政体へ焦点を絞ることから離れる必要がある。それゆえ私は、疑いようもなく深く絡み合った歴史を持つが、しかし何らかの政体の相互開放を達成したという最も確かな主張を提示できる大陸について考察することに移りたいと思う。

第三章　ヨーロッパにおける憲法パトリオティズム？

——記憶、闘争性、道徳について

人間の思考と行動の歴史の中で、ある一つの分野からの想像によるアナロジーほど致命的な役割を果したものはあまりないであろう。その分野においては特定の原理が適用可能で妥当するが、それを他の分野に移してみると確かに面白く、事態が大きく変って見えてくるとしても、理論的には間違いで、実践上は破滅を招きうる。

——アイザイア・バーリン『ヨーロッパの統一とその変転』

長年にわたり、多くの政治家や知識人は、欧州連合（EU）を中心とした憲法パトリオティズム形成への期待という願望を公然と表明してきた。このような願望（希望的観測と見る向きもあるが）の背景にある理由を理解するために、「未確認政治物体」でもあり、少なくともある観察者たちにとっては「多くの点において世界で最も興味深い帝国」でもあるEUの展開に言及することから本章を始めよう。(1)

一九五〇年代における欧州統合の始まりから、統合は、経済および行政的な手段によって追求された政治目標であった。小さな（経済的）歩みと大きな（政治的）効果という目論みは、荒廃したヨーロッパ大陸、あるいは少なくともその西側諸国に、恒久の平和と繁栄をもたらすべく計画された。すなわち、一見したところ低レベルのテクノクラート的な施策は、初めのうちこそ目に見えるものではなかったとしても、やがては「発展して」高度な政治的手段になると考えられていた。振り返ってみれば、そのプロセスは、しばしば、ひそかな統合のように思えた。

「EC」としてまもなく知られることになったものは、古典的な国民国家のアソシエーションを超えて進展した。EC法は、国内法に優位し、そして構成国における直接効果を獲得しはじめた。これらのドクトリンは、欧州司法裁判所による諸決定に基づくものであった。欧州司法裁判所は、強力な司法権を有する地位を多かれ少なかれ自らの力によって手中におさめ、国内裁判所によって、そのような権限を有するものとして認められた。ECが、重要性（そして、さらなる構成国）を増したときには、欧州議会という超国家的機関の最初の直接選挙が一九七九年に、欧州委員会、欧州司法裁判所、閣僚理事会といった選挙で選ばれていない組織を補完した。この段階においては、ECは、すでに、超国家的な準連邦法の真正なシステムと基本的な——あまり広範に渡るものではないけれども——「経済憲法」を獲得していた。(2) しかしながら、ECは、国家でもなければ、一度限りの条約にもとづいた単なる国際機関のようなものでも、もはやありえなかった。

何十年ものあいだ、ECは、特定の積極的に示された支持と対立するものとして、政治学者が「分散的」支持と称するものを享受したようである。帝国であったイギリスのように、西ヨーロッパの人々も、無意識のうちに共同体を得ていたと考えられる。すなわち、西ヨーロッパの人々は、共同体についてあまり多くのことは考えなかったし、考えた場合であっても共同体を支持した。しかし、一九八〇年代および一九九〇年代において、欧州統合のプロセスは、勢いを増し、核心を突く疑義や、様々な人々によるあからさまな抵抗に直面した。とりわけ一九九一年暮れの共通通貨を導入するためのマーストリヒト条約の交渉、そして一九九二年の単一欧州市場(すなわち、共通市場)の完成によって、「ヨーロッパ」は、(多くは、それぞれの国のなかでの)公的討論のなかで、これまでにない特徴を我がものとした。一九九二年六月には、デンマークが、周知のように(ECの観点からは、恥ずべきことに)、マーストリヒト条約に反対票を投じた。

そして数か月後には、フランス国民は僅差で同条約を可決した。要するに、「ヨーロッパ」は、人民、より正確には、ヨーロッパ大陸の人民のものとなった。しかしながら、人民の反応は、熱狂とはかけ離れていた。

一九九三年以降、欧州連合として知られるものは、特にその政治的目的がよりくっきりと明確になってきたがゆえに、政治的可視性を獲得した。欧州委員会委員長ドロールの強力なリーダーシップのもとで、欧州統合は、EU市民権（しかしながら、EU市民権は、構成国の市民権に基づくものにとどまっており、調査によれば、「EU市民」のおよそ三分の二が、EU市民権についてまったく知らないままでいる）構想だけでなく共通通貨構想にまで広がっていった。このようなEUの経済的、政治的深化は、新たに民主化された中東欧諸国にまでEUが拡大していくという展望によって補完された。もちろん、大半の観察者には対立しているように見えたのであるが。ヨーロッパ大陸の西側における「可変翼方式」の出現は、このような状況をより複雑なものにした。すなわち、EU諸国が、歩調を合わせて「一層緊密化する連合」に向けて進展していくことはもはやなくなった。それに代わって、ユーロのような野心的な計画を先取りする国もあれば、特定の協定を「免除される」権利を留保する国もあった。しかし、様々なスピードを用いる新たな手法は、統合の最終地点への関心を拡げた。これは、場合によっては不適切な表現ではあるが、「ヨーロッパの終焉」、あるいは、目的と限界（*finalité*）として知られるものである。結局のところ、法律家が長らくヨーロッパの事実上の国制として描いてきたことが、サミュエル・プーフェンドルフの神聖ローマ帝国に関する有名な叙述にいっそう当てはまるようになってきていると思われる。それは、怪物に類似したもの（*simile monstro*）、すなわち、一般市民や、そしておそらくきわめて多数の官僚や政治家の理解も超える、巨大な奇形物（monstrosity）である。

要するに、欧州統合の正統性は、ますます異議申し立てされてきている。統合に好意的な者だけでなく、「一層緊密化する連合」達成のプロセスに反対する者も、いわゆるモネ方式――ECの父の一人であるジャン・モネの方式であり、ひそかな統合の略語でもあった――は、限界に達したのだと主張した。ロベール・シューマンのようなECの父たちが「事実上の連帯を要請する実践的な実績」だと評してきたものでは、もはや十分ではないことは明らかであった。欧州委員会の初代委員長であったヴァルター・ハルシュタインの願望についても同じことが生じる。彼の願望とは、事物の論理（*Sachlogik*）［文字どおり、「事物それ自体に内在する論理」である］と彼が呼ぶところのものが、「統合の心理的な連鎖反応」を引き起こしうるというものだった。それゆえに、「すべてをやり直さなければならないとしたら、私は文化から始めるのだが」という典拠の不確かな言葉が、他ならぬモネによるものであるとされるようになったとしても、何ら不思議ではない。

しかしながら、一九九〇年代初頭における危機の始まりのかなり前から、「ヨーロッパのアイデンティティ」——今日ではすっかり月並みなトピックではあるが——は、EUの創始者たちを悩ませてきた。早くも一九七三年には、九か国からなるECは、「ヨーロッパのアイデンティティに関する宣言」を公式に発表した。「ユーロ・バロメーター」調査は、定期的に、EUとヨーロッパ人とが「同一化している度合」を計測している。もっとも、ユーロ・バロメーターはより正確には、ヨーロッパ大陸の患者が再びナショナリズムの熱に浮かされていないかを確かめるユーロ体温計のように見える。数多くの公的ないし準公的な取り組みが、新しい「ヨーロッパの歴史」を描くことを後押ししてきたし、「ヨーロッパ公共圏」を構築するために、数えきれないほどの会議が開かれた。そこでの考えは、以下の方針に沿うものであったことは明らかである。「我々はヨーロッパを作った。次はヨーロッパ人を作る必要がある」。それにもかかわらず、アイデンティティの宣言は、ヨーロッパ的価値が、国連によって、あるいは、もっとはっきり言えばその他の地域的組織によって提案されるものとおそらくほとんど異なるところがないレベルにとどまっていた。ヨーロッパの特殊性は、捉えどころのないままであったし、そのような特殊性を獲得しようとする主張は、否応なしに、ヨーロッパ中心主義という疑惑につきまとわれた。

以上のような懸念を背景として、ヨーロッパ憲法——そして、ヨーロッパ憲法パトリオティズム——の構想が生まれた。法律家は、EUはずっと前から形式的、機能的な意味における憲法を有していたと主張するであろう。現在までに欠けているものがあるとすれば、EUの権限を列挙し（そして、それによって制限もし）、EU市民の基本権を規定する、単一の統一的な法的文書に類するものである。それは、「明確な憲法」と呼ばれることもある。「明確な憲法」とは、「われら人民」によって制定され、疑いなくリベラル・デモクラシーの原理にもとづいたもので、市民にも十分理解でき、明確な「憲法のモーメント」として機会を固定された憲法のことである。(3)しかしながらなによりも明確な憲法は、正統性を獲得し、（たとえ、形式において、ヨーロッパ憲法が、構成国間における一つの条約でしかないことが判明したとしても）「人民をヨーロッパにより近づける」ための手段となった。

おそらく、まさにこのような構想——正統性を創出する手段としての成文の統一的な憲法——によって、ヨーロッパ憲法を制定しようとした初めての試みがなぜ失敗したかということをも明らかになる。実際、古典的なトクヴィル型メカニズムとでも呼べるものが働いていたのかもしれない。すなわち、ヨーロッパのエリート層は、たとえヨーロッパ憲法が実際上「憲法条約」の形式をとらねばならなかったとしても、かつてからの慣習として、結局、国際条約よりも「憲法」と呼ばれるものを望んだのである。あたかも、憲法制定のあらゆる象徴的な道具立てをもって政策目標と権限分配に権威を与えれば、自動的に市民の支持が得られるかのような、「憲法」という言葉そのものの魔力に対するほとんど迷信的な信仰が存在した。ことによると、ヨーロッパの指導者たちは、この「教訓」を戦後西ドイツの経験という歴史上の参照点から引き出してきたのかもしれない。

結果的に、比較的小さな現行の条約の見直しと基本権憲章の採択が、憲法諮問会議の議長であったヴァレリー・ジスカール・デスタンの言葉によれば、「我々にとってのフィラデルフィア」と称された。立憲化は、EUが、人々が憲法のもとで国内の自己統治の経験から存在を認知するであろう公的尊厳や、さらには「風格」の類いを獲得することであった。立憲化は、大部分が、EUの公開（*euro-publicité*）のきわめて洗練された形式として取り組まれた。より穏当に表現するならば、EUの教育の形式で、ともいえる。[4]

今日では、概念上は、国家と憲法は分離しうるものである。事実、アカデミックな観察者の多くは、EUにおける事実上の「国家なき」連邦憲法を、そのもっとも明確な特徴と見ている。(5) しかし、このことは、政治家の多くがこの問題を捉える方法とは異なる。政治家たちは、連邦国家の実体ではなく、ただ伝統的な象徴が欲しかっただけのようである。誰も――特に、小さな構成国は――、自らを、アメリカ合衆国をモデルとするような「ヨーロッパ合衆国（United States of Europe）」を構成する計画の一員とみなさなかった。

そうであるとすれば、ヨーロッパのエリート層は、アンシャンレジームのように、実現することもできず、実現する気もない期待を創出していたということになる。民衆の不満は、ヨーロッパのエリート層が、参加や異議申し立ての仕組みを増やすことで状況を少しでも改善しようと努めていたまさにそのときに噴出した。他方で、ヨーロッパ憲法の批准をめぐるいくつかの国民国家における国民投票《レファレンダム》の連鎖は、それらの国の一部の政治家と少なくない市民による、最悪の扇動を引き起こした。彼らのうち多くは、欧州憲法条約を実際とは異なるものとして描出した。それゆえに、情報を得たEU市民のあいだでの洗練された国境を超えた議論によって息を吹き込まれ、十分に成長した、選挙によるヨーロッパの民主政という見通しは、実に厳しいものにとどまるという確信を懐疑論者は強めることとなった。(6)

さて、上述の事柄は、ヨーロッパ憲法と「ヨーロッパ憲法パトリオティズム」の可能性についての問いをただ消失させることを意味しているのではない。それは単にどのような憲法あるいは憲法条約に類するものを、ヨーロッパが必要としているのか、または必要としていないのか、という問題である。「ヨーロッパ憲法パトリオティズム」の目的は、正確には、何であろうか。「ヨーロッパの憲法文化」によって、何を想像すればよいのであろうか。もし、そのようなものがあるとすれば、であるが。そして、そのような憲法文化に対して、どのような態度や性質を想定しうるであろうか。二王国論（*Zwei Reiche* doctrine）――〈超国家的理性〉対〈国家の情念〉――の提案者が定めるように、理性による是認を想定すればよいのであろうか。そして、ヨーロッパ憲法パトリオティズムは、ドイツの文脈では重要な役割を果たしてきた特殊性を有する「危険な補完物」ですらありうる類いの補完物を伴うべきなのであろうか。ヨーロッパ憲法パトリオティズムは、私が本書の冒頭において言及したように、トーマス・マンが有名にも（「ヨーロッパのドイツ」というよりも）「ドイツのヨーロッパ」と表現した悪夢を呼び起こしはしないであろうか。そもそも、「ドイツの憲法パトリオティズム」の経験は移植されるべきものなのであろうか。

いくぶん直観には反するではあろうが、補完物について問うことからはじめてみよう。つまり、記憶と闘争性（これらはすでに述べたように、憲法パトリオティズムと道徳的な関連性がある）のような特殊性の補完物について考えてみよう。そのような補完物は、ヨーロッパレベルでも想定しえるのであろうか。

ヨーロッパの記憶をめぐる神秘和音？

ヨーロッパ憲法パトリオティズムが「記憶要素」を含むところまで拡げるには、二つの実現可能なプロセスのうち、一つは必要であろう（あるいは、二つとも必要かもしれない）。第一に、ヨーロッパ諸国は、共有された普遍的な原理の名において、「過去の克服」に尽力する。そして、これらの規範や原理は、同様に、特定の国家の過去における「慣習道徳」の過ちと現実に向き合うことによって強められる。

この類いのことは、すでに起きている可能性も、起きていない可能性もある。何といっても、一九九〇年代には、「後悔の政治」と呼ばれるものが生じた。国家の指導者たちはますます、過去に犯した罪に対する集団責任を負い、公的な贖罪行為を行うようになった。(7) この過去と公的に絶縁することが、それ自体として政治的正統性の新たな一形態を構成するかどうかは、いまなお疑義をさしはさむ余地があるが、ある種の政治的主張として広まっていることは議論の余地もない。

しかし、ヨーロッパ全体で共有される憲法パトリオティズム——これが第二の実現可能なプロセスである――は、一連の明らかに国家的な後悔の政治を例証することよりも、過酷かもしれない。というのも、ヨーロッパ全体で共有される憲法パトリオティズムは、それぞれの構成国のために「新しい過去」を包摂しなければならないからである。初めのうちは奇妙に思うかもしれないが、これは、ヨーロッパ人は他国の集合的記憶を認めるということを意味するかもしれない。あるいは、「国家横断的記憶」が、ヨーロッパ人の帰属意識の基礎とならねばならないことを意味するのかもしれない。表面上は、第一の選択肢は、確かに扱いにくいものに見えるし、理屈に合わないものに見えさえするであろう。すなわち、国家的な共同体は、ヤスパースやハーバーマスが提案したような方法で十分に過去についての責任をとることができるし、継続的な公共のコミュニケーションのなかで、過去について議論することさえできるであろう。しかしながら、国家が、他の国の過去について、議論すべきかということだけでなく、議論しえるかということについてもまったく明らかではない。ドイツ人が、フランスの「ヴィシー症候群」、すなわち、一九四五年以降、フランスがナチスとの協力について意識に上らぬようにしていることに評価をくだすべきなのであろうか。なぜ、フランス人は、イギリス人のアイルランド人に対する扱いを議論しなければならないのであろうか。スペイン人は、ポルトガルの植民地主義について申し訳なく思う立場にあるのであろうか。見方を変えれば、ある国は、他国が過去を受け入れることの成果を認める（そして、見習いすらする）ことはできるが、それを自身のものとして受けとめることはできないということではないか。

にもかかわらず、いくつかのヨーロッパの国々は、実際に、他国の過去に対処する方向に勢いをもって進みつつある。たとえば、フランスの国民議会は、第一次世界大戦時におけるアルメニア人への扱いがジェノサイドとして分類される（そして、断罪される）とする決議を可決した。決議は、フランス政府と大統領の明確な意思に反して、承認された（決議は、アルメニア人のジェノサイドを否定することに対して、一年の自由刑と四五〇〇〇ユーロの罰金を科すことによって可罰的な犯罪とする二〇〇六年の法案において成立することになった）。当初の決議の重点は、公的、そして、国際的に、この出来事の特徴を「ジェノサイド」として認めさせることにあった。このような決議の擁護者は、ジェノサイドの事実は、罪を犯した当事者である国家的共同体による承認や認知によって左右されるものではないと主張した。フランスの政治家が、定義されるべきものを定義したという事実は、重要ではなかった。たとえ、恥ずべき真実の承認が、フランス国内におけるアルメニア人マイノリティの政治的要求を充たそうとしたものであり、そして何よりも、フランスの政治家たちの道徳的な資本を増大させようとしたものであったとしても、恥ずべき真実は国家の所有物ではない。

承認と認知（acknowledgment）が、「国家化（nationalized）」されること、すなわち、特定の共同体における現に存在する「間主観的責任」が問われることは道徳的に望ましい。明らかに、ここでの狙いは、トルコ政府そのものからの認知を促すことにあったし、それに続いて、理想を言えば、トルコの市民社会のなかでより開かれた議論が行われ、ことによれば最終的には公的な謝罪が行われることを目指していたのかもしれない。しかし、結果についての推論は、そのような残虐行為の認知にとっては二次的なものである。トルコのナショナリストたちが、このような外圧によって妨げられるというよりもむしろ助けられたかもしれないという事実は、一つの、しかしただ一つの考慮事項であった。(8) このような歴史認識をためらう打算的な根拠が存在するが、少なくとも、それは、私には、純粋に道徳的な根拠のようには思えない。ひとたび過去の出来事の特徴が認められれば、歴史上の真実は、国家の所有物のままでいることはできない。謝罪――承認や認知とは対照的に――が、加害者集団にとってだけの問題であると主張することとは、また別問題である。

第二に、一見したところ、過去について議論していくプロセスのなかで、歴史的な記憶をある程度まで「一つにまとめる」ことや、「国家横断的記憶」に依拠すること、そして共通の政治文化を築くことは不可能ではないように思われる。この見通しは、一目でよく知られたナショナリストによる記憶の操作と同じようにもみえるし、あるいは、個々人の意識そのものを操るオーウェル風のイメージさえも想起させるかもしれない。また何より、家族や国家のような「厚い」倫理的共同体のみがまず第一に記憶する義務をもち、「薄い」道徳的な関係（そして、人類一般）は記憶に関係するものではないし、関係するべきでもないとするアヴィシャイ・マルガリートによって強力に唱えられた主張と衝突しているようにも思える。(9)

私は、ここでいくつかの区分を明確にする必要があると考える。個々人の心理を集団の心理に単純に置き換えることのないよう注意を払わねばならない。最も重要なことは、集合的記憶あるいは国家の記憶と、ただ単に大量の個人が抱えているだけの記憶との区別を明確にせねばならないということである。(10) 前者は、記憶をめぐる「枠」を意味するが、後者のみが、実際の歴史上の出来事に居合わせた人々の記憶を示す。そしてこの集合的記憶が、国家やその他の集団が自身について語るある種の物語として、道徳的主張やその反論の対象となる。

つまり、問題になるのは公的な集合的記憶であり、これらの記憶に関する公的な主張である。個人の、はっきりとせず、あるいは何気ない記憶は問題とならない。前者のような「記憶に関する主張」は、集合的承認を要求し、正統性の創出を狙いとしているという意味において、つねに政治的である。記憶に関する主張は、意識的に、記憶の「生産者」と「消費者」の両者によって、形作られ、そして、作り変えられる。それらにおいては、個々人の心理との誤ったアナロジーが指摘するような「トラウマ」や「抑圧」が問題なのではない。公的に認めることが、個人の、あるいは、集合的な「癒し」となると単純に推測できないことと同様である。記憶に関する主張は、個々人の記憶では抱えることができない仕方で共有された公共的理性、歴史に関する吟味、そして道徳的議論によって問うことができるし、そうするべきでもある。

近年におけるこのような「国家横断的記憶」の例として、一九九〇年代の初めから中ごろにおける、ボスニアについての集団的な失敗（そして恥辱）が挙げられる。「重なり合う道徳的な合意」は、ヨーロッパが介入をためらったことによって自身のリベラルな理想を裏切ったことで表出したようである。無論、ここではヨーロッパに関することと国際的なこととのあいだで線引きを行うことは困難ではあるが、ユーゴスラビア紛争初期の「ヨーロッパにとって重要なときである」というEUの代表の熱心な主張にかんがみれば、後続する失敗の責任は、少なくとも、国連や個々の国々と同じぐらい、EUに帰されるとすべきかもしれない。

さらにいえば、このような国家横断的な視点の人為性を誇張すべきではない。結局のところ、多くの国家の歴史や記憶はすでに、切り離せないほどに、互いに結びつきあっている。これは、果てしなく広がったトンネルがヨーロッパの街々だけでなく異なる歴史的地点をも繋いでいるという設定の、エミール・クストリッツァによる映画『アンダーグラウンド（*Underground*）』で見事に象徴されている事実である。「新たなヨーロッパ」とされるものの裏には、様々な過去が繋がっており、地上では歴史を忘れ去ったかのように見えるが、実際には、歴史の引喩やアナロジーによって、政治的な論争において近道をすることを可能にするのである。しかし、本当に「絡み合った歴史」や交差する歴史（*histoire croisée*）は、その定義からすれば、歴史の（そして道徳の）再構築において、共有され、潜在的に衝突する取り組みを必要としている。このことを背景に、たとえばジャン゠マルク・フェリは、自己批判的に、ヨーロッパの国家の記憶をお互いのために「開く」ことや、理性的な衝突や対立を通じて、「重なり合う合意」に達する試みを提案した。[11] 確かに、このような相互の開放は、危険を伴うし、とりわけポピュリストの政治家によって強奪される危険もあるが、最良の場合には、国家の記憶を「中心的な役割から外す」ことができるかもしれないし、ヨーロッパの過去についての思索に関する限りでは、「拡張された思考様式」の創造に寄与するかもしれない。

特に、ＥＵ自体が、つねに、第二次世界大戦の記念碑の一つであり続けていることは忘れてはならない。ロベール・シューマンやコンラート・アデナウアー、アルチーデ・デ・ガスペリのような人物に行動を起こさせたのが第二次世界大戦の記憶であったということは、ただの非現実的な欧州統合賛成派のレトリックではない。ヘルムート・コールのような人物が、ヨーロッパの利害関係の融合を、大規模な暴力と残虐行為の記憶を理由に推し進めたのもまた、ただのレトリックではない。これらの記憶が、テクノクラシーや経済的な利益という言葉の陰にしばしば隠れたままであったという事実は、ＥＵの創設者たち（そして再設立者たち）の真の動機を損なうものではない。

戦後、ヨーロッパの人々は、いわば、記念碑的でもあり、批判的でもあるような、歴史を表すための言葉を作り上げようとした。それは、過去から負の教訓を得ることでもあり、結果的に、一見したところでは撞着語法である（つまり二つの表面上矛盾するニーチェ的カテゴリーの融合である）「批判的な記念碑」を建設することでもあった。しかし、実際には、新たな潜在的な正統性の一形態でもあった。[12] ヨーロッパの知識人の中には、「批判的に過去を克服しようとする」衝動が「ヨーロッパ文明」の要であるとまで主張している人がいるのは不思議なことではない。たとえば、アラン・フィンケルクロートは、もし「ヨーロッパの個人が、一つ一つ、自らのすべての自由を征服する過程で自らの文化を犠牲にしたのだとすれば、それはまた、より一般的には、ヨーロッパの精神的基盤を構成する伝統への批判なのである[13]」と論じた。

このようなレトリックは、つねに、ヨーロッパ人の自己卑下とヨーロッパ中心主義とのあいだに危うげに位置しており、一方はあまりにも容易く他方へと変貌しうる。自己礼賛的な国家の歴史を自己礼賛的な超国家の歴史に置き換えることに意味はないし、いくぶんの相対化と注意が求められる。特に、欧州統合の構想そのものでさえ、葛藤を孕んだ歴史があることを忘れてはならない。国家の負の過去を背景とするヨーロッパの発展に関する単純な物語に対抗するためには、とりわけその歴史を呼び起こさねばならない。結局のところ、ECの形成以前の直近の欧州統合の壮大な計画は、ヒトラーの「新ヨーロッパ」構想だったのである。実のところ、「新しいヨーロッパ」を形作り、築こうとする試みは、国境を越えた記憶（と罪悪感）の混合のもっとも顕著な例の一つである。[14] ヨーロッパ大陸の多くの知識人や官僚は、その計画を熱狂的に支持したし、ひとかたまりのイデオロギー――それは単にナチズムと同じものではない――が、平和の理念と明確な「ヨーロッパの価値」のまわりに築き上げられた。そして、特に、この連想のひとかたまり――ヒトラー、ヨーロッパ、征服、そして植民地主義――が障害となって、一九四五年以降多くの左派知識人が、ECに異議を唱えた。たとえば、フランスの社会学者エドガール・モランは、脱植民地化の経験を通してしか、彼の世代にとっては、ヨーロッパという理念そのものが「純化」されえなかったと主張する。[15]

今や、ホロコーストの「ヨーロッパ化」と呼ばれてきたものの暗示をも感じとる者が少数ながら出てきた。詳しく検討すれば、誰の目にも明白な理由から、少なくともイギリス、フランス、ドイツのホロコーストへの見方にはかなりの差があることが分かるのではあるが。[16] それでも、ヨーロッパ諸国が、ホロコーストにおけるそれぞれの役割を、その「普遍的な重大さ」を確言すると同時に認めるという傾向は生じたようである。フランス、イタリア、そしてスイス、デンマーク、スウェーデン、オランダにおいてすら、二〇世紀最後の一〇年では、対独協力、強制労働、「ナチスの金塊」についての大がかりな議論がなされた。さらに、共産主義体制の崩壊の後、第二次世界大戦の記憶は、鉄のカーテンの両側において「解凍」された。何らかの本来的で表象以前の記憶が、一切政治の道具と化することなしに、思いがけなく復元されうると主張したいのではない。そうではなく、集合的記憶、そしてある程度は個人の記憶でさえも、国家の正統化と冷戦に関連する友敵を区別する思考回路の必要性によって強制されていた束縛から解放されたのである。

その結果の一つは、抵抗運動や清廉さに関する戦後の神話の多くが薄れていったことのように思われる。それは、ヨーロッパ大陸中に、罪悪感や責任をあまねく平等に配分することができるということでは、もちろんない。大戦直後、諸国は、速やかに、自らを擁護し、東側諸国と西側諸国の陣営のあいだの世界規模の対立における自らの役割を見つける――そして、正統性を示す

――必要があった。おそらく、欧州統合は、西ヨーロッパ諸国が自らの過去から距離を置く助けとなったといえる。過去は、各国家の道徳的基礎としての、固有の戦後の役割を果たすことをやめたからである。統合は、国家の自己擁護の必要性や国家の連続性についての同質的な物語を得る必要性を減少させた。したがって、道徳的に汚れのない過去を示す必要性もまた小さくなったのであった。[17]

それゆえに、過去への強迫観念（*La hantise du passé*）はもはやドイツ特有のものではない。[18] ナチスに関する経験が全体として「ヨーロッパ化」されたと主張するのはやりすぎかもしれないが、今や確実に、罪悪感や政治のもつれ、致命的な排除についての共通の言語がある。要するに、国家の集合的記憶は、より雑多に、そして、不連続なものとなった。言いようによっては、「神話性」を失ったとも表現できるであろう。その間、浮遊するこれらの記憶の粒子は、今度は、結びついて、「薄い」国家横断的なヨーロッパの記憶へと変化していくようにみえる。

これと類似する「解凍」と分裂というプロセスは、中央・東部中央ヨーロッパにおいて起きている。イェドヴァブネにおける虐殺事件をめぐるポーランドの痛みを伴った自らに対する調査、ブダペストの「恐怖の館」についての激しい議論、そしてベネシュ布告に関してのドイツ・チェコ間の論争などは、歴史をめぐる近年の激しい争いのほんの数例でしかない。そしてこの際しばしば、ナチズム、共産主義、対独協力が同時にすべて問題となっていた。いずれの場合においても、歴史と国家のアイデンティティは、多かれ少なかれ直接的に繋がっているうえに、ヨーロッパという要素も、最終的にこれらの議論に組み込まれた。EUへの加盟に取り組む中東欧諸国にとって、ホロコースト追悼記念日を創設することは、自らのリベラル・デモクラシー的道徳性を問うテストケースとなった(19)。

欧州統合によって、批判的自己反省というプロセスが促されたのは確かであろう。加盟の見通しは、中東欧諸国の政治家や知識人たちに、より積極的にナショナル・アイデンティティを問い直すように作用した。「ヨーロッパへの帰属」という安心感は、たとえ時には不利な条件下であったとしても、内省をより確かなものにした。このようなことは、新規構成国には、憲法パトリオティズムの伝統がないという主張や、ナショナリティの名の下に主権を回復したばかりなので、超国家的な統合を忌避するであろうといった、よくなされる主張を弱めることにつながる(たとえ、彼らが純粋に経済面での必要性から合意したのであるとしても)。

にもかかわらず、ホロコーストの歴史(より正確には、いくつかの歴史があるかもしれないが)を頻繁に引き合いに出すことは、歴史のアナロジーと不可避的に結びついた問題というパンドラの箱を開けることになるであろう。ジェームズ・ブライスの「歴史の主たる実質的な効用は、我々を、まことしやかな歴史のアナロジーから自由にすることである」という見解は、政治家や知識人や市民が過去をくまなく捜そうとすることを思いとどまらせることはできないであろう。しかし、アナロジーによる推論は、認知心理学に基づく理由から、お粗末な結果を導く可能性が高い。[20]もし他に影響がなかったとしても、「即席の正統性」のようなものを創り出すために、複雑さを減じ、批判的内省を省くことだけはするであろう。ホロコーストを利用することが、このような問題を呼び起こさない理由はない。

また、アナロジーの利用には、はっきりとした倫理的な疑問が付きまとう。それは、ホロコーストから「教訓を引き出すこと」と関連して熱心に議論されてきた疑問である。「教訓を引き出すこと」は抽象的な意味においては賞賛に値することではあるかもしれないが、慰め (*consolation*) の方針の一部にもなりえ、過去との対峙 (*confrontation*) という、より痛みを伴う方針を採る代わりに、過去から慰めとなる意味を引き出す方針の一部にもなりうる。[21]また、いずれにせよ、その教訓が何になるかも、しばしば漠然としているものである。たとえば、ジョルジョ・アガンベンやノーマン・ジェラスが主張したように、ショアー (Shoah) を、肯定的に、善意で行った普遍主義的な道徳に対する最終的な論駁と読むこともできる。[22]アウシュヴィッツはまた、哲学的、あるいは「概念的」に、甚大な被害をもたらした。それゆえに、道徳のドクトリンを強化するためのいかなる皮相的な流用にも抗うのである。[23]

最後に、きわめて重大な（そして、消極的な意味において、記念碑的な）ホロコーストのような出来事の強調によって、憲法パトリオティズムがほとんど完全に過去に縛りつけられ、それゆえに、過去の想起が、今日における普遍主義的価値の奨励に対するコストとなってしまう可能性への懸念が存在する。連帯は、政治において希少財であり、「記憶による連帯」が、今日の連帯を閉め出す可能性も高い。すなわち、ホロコーストに固有の非道さは、本当に、今日における不正義に気づくことをより困難にする働きがあるかもしれない。しばしば指摘されてきたように、「後悔の政治」は、変化可能な政治からの撤退と、大衆動員による政治を「法的討論による政治」で置き換える動きに結びつけられてきた。[24] 批判者のなかには、新自由主義のように、後悔と償いの政治は、何よりも国家に向けられたものであり、究極的にはすべて政治とは無関係の、犠牲者意識の私的な育成（あるいは、競い合いともいえる）と公的な生活の法化につながると主張するものすらいる。[25]

さて、これらは、的確であるかもしれないし、そうではないかもしれないという、準－経験的な予測である。それでは「記憶による連帯」がその他の連帯にとってかわるかどうかまた反対に、なぜそれが今日における剝き出しの暴力や隠れた暴力という不正や実例に社会全体をより敏感にすることができないのかも示すことができない。また、上述した議論では、ホロコーストの周囲には道徳的であり政治的でもある防疫線（*cardon sanitaire*）が存在すべきだとは、たとえそれが可能性としてありえたとしても、主張していない。しかし、これらの予測は、皮相的なアナロジーや、見覚えのあるイメージに対してほとんど政治的な関心を払うことなく自己満足に至ることや、見当違いの「慰めの方針」に対する警告である。結局のところ、たとえ仮に、普遍的に妥当する洞察をホロコーストから引き出しうるという見解をとっていたとしても、そのことは、すべての普遍主義が、効果的であるためあるいは十分な理解を得るためだけにでもホロコーストに頼る必要があるということは意味しない。[26] そしてまた、EUの試みが、それを必要とするような、やむにやまれぬ理由があるわけでもない。エリザベト・レヴィが鋭く指摘したように、「ヨーロッパが自らの未来を数名の、幸いなことに非主流の『否定主義者』に応えて決めるのならば、それは驚くべきことである」。[27]

しかしそれなら、他にヨーロッパ中で共有し議論されるような記憶は存在しえないのであろうか。すでに明らかな答えの一つは、植民地主義の記憶である。ほぼすべての西ヨーロッパ諸国は、帝国主義と関連した歴史を有している。そしてこの歴史と記憶は、諸国が旧植民地からの移民が

「本来の家にいると感じる」ことができるように行っている同じような試みに直面することを通して、いまだに現在と深くつながっている。たとえば、アルジェリア戦争中および終結後におけるフランスの罪を認める責務は、自国のマイノリティに対してどのようにして共和国を開くかという問題と切り離すことができない。(28) しかし少なくとも、ここでホロコーストに関してよく主張されるように、道徳的な過ちを含めた過去の経験から「普遍的な教訓」を得ることができるかは議論の余地があるであろう。それはたとえば、アルジェリア民族解放戦線の娘と同じぐらい、アルキ（*harki*）の息子にも理解できるような教訓でなければならないのである。とするならば、このような挑戦は、公共的理性に、著しい負荷をかけるものである。つまり、共に物事を深く考えようとし、歴史を記憶と比較しようとすることで過去を生き続けさせ、そして議論しつづけるということである。(29)

要するに、ヨーロッパ政治の意識的な「追悼化」とでも呼ぶような方針は、重大なリスクを伴う。たとえ仮に、それぞれ異なり、交差しあい、そして部分的に衝突する記憶を引き合いに出すことがそもそも可能であるとしても、ヨーロッパの記憶はただ分断的なだけではなく、争いの種にもなるということを念頭に置く必要がある。これは、「記憶産業」の批判者がしばしば主張していることと同一ではない。彼らは、記憶とは必然的に「典礼的」で非妥協的な性格をもつがゆえに、記憶は、準‐神聖で、疑問を提起されることもないし、事実上提起が不可能なものであると主張している。[30] 私がすでに指摘したように、ただ単に大量の個人が抱えているだけの記憶に対立するものとしての集合的記憶は、公共的異議申し立てと公共的理性で測ることが不可能ではない。

過去の否定からそれ自体についての歴史を物語ろうとするヨーロッパは――時に「負の創設神話」と呼ばれるホロコーストとともに――、過去を感傷的に描くという記念碑的な企てに容易に転じる可能性がある。そして、逆に、それによって慰めを得る一方、現在においては政治的に受動的であり続ける可能性もある。つまり、ヨーロッパの集合体としての過去と、それによって用意される「警告的意味と道徳上の目的」に関するヨーロッパでの共有された公共的推論は、非常に望ましいものであるが、負の記憶構築を通じたヨーロッパ国家の形成は望ましくないのである。[31]

闘争性――「非ヨーロッパ的活動」?

もし記憶がヨーロッパの憲法パトリオティズムに対するモチベーションを「補完」するものとして容易に利用できないなら、あるいは道徳的に望ましくないなら、憲法パトリオティズムに対する「戦闘的な補完」をより強調することが、もう一つの選択肢であると思われるかもしれない。

ほとんどすべてのＥＵ構成国は、闘う民主主義の伝統や規定、あるいはペーター・ニーゼンが「否定的共和主義」と呼ぶもの、すなわち国家の特定の過去を振り返り、拒絶することによって民主制を守るメカニズムを有している。[32] さらに、欧州人権裁判所は国家の法的判断についての審査において闘う民主主義というアイデアを肯定し、それをＥＵにおける先例としている。[33] それでは、ヨーロッパ諸国が政治的言論や政治的行動に対して国内的な制限を設けることによる結束をそこに見出すような、「重なり合う合意」がありえるということなのだろうか。また、闘う民主主義とは、記憶を現在の人々にとって政治的に意味のあるものとする分かりやすい方法ではないのだろうか。

ある意味では、ＥＵは既に国家の枠を超えた闘争性に関して一つの経験を有している。興味深いことに、オーストリアが二〇〇〇年春の連立政権にイェルク・ハイダーの自由党を加えたことに対する制裁措置の決定には、闘争性だけでなく政治道徳と記憶が一定の役割を果たしていた。このとき、突如として多くのヨーロッパの指導者たちが、ヨーロッパの境界は地理的な境界線、ましてや文明的な境界線によって決まるのではなく、特定の政治に見出されることを示すという確固たる政治的意思を共有したように思われた。民主主義諸国はそれぞれオーストリアに対して二国間の制裁措置を実施し、市民社会がオーストリアに「恥をかかせる」ように仕向けた。これらの制裁には、特別な（そして奇妙な）道徳的な特徴があった。ヨーロッパ民主主義諸国の公式代表たちは、外交交流において握手を拒否したり、その場を退出したり、その他の類似したジェスチャーをする（あるいはしない）ことによって、オーストリアの代表を認めないようにしたのである。記憶は、ヨーロッパ民主主義諸国が一丸となってオーストリアに対抗する上で重要な役割を果たした。ヨーロッパの指導者たちがオーストリアに対抗する措置を講じたのが、二〇〇〇年一月にストックホルムで開催された「ホロコースト・フォーラム」において「集団責任」を真摯に誓った直後であったことは、偶然であるとは言い難いだろう。[34] ヨーロッパ政治の道徳化と記憶化は手に手をとって進んだのであり、記憶は道徳的行動と普遍的規範への新たな同一化に動機を与えるものとされたのである。[35]

それでは、この例を発展させてＥＵ固有の闘う民主主義というアイデアを具体化してはどうだろうか。ここで二つのありえるシナリオを区別する必要がある。一つ目は、あるＥＵ構成国が、多かれ少なかれ明白な形で、非民主的あるいは非リベラルな国家へと実際に変化するというシナリオである。この場合は、ＥＵからその国家を除名することが求められるが、ある意味では、汎ヨーロッパの闘う民主主義というアイデアは必要とされない。二つ目は、構成国内で反民主主義政党や反民主主義運動が盛り上がるというシナリオである。この場合、補完性原理によれば、このような政党や運動とどのように対峙するのか、政治的な寛容が政治文化の中でどれほど重要な位置を占めるべきなのかということについて判断を下すのに最も適しているのは、その構成国自身であるということになるだろう。闘う民主主義に通常関連する手段がもたらす結果を予測することの難しさを考えると、ヨーロッパ諸国はしっかりと相互に学び合い、おそらくは時間をかけて、闘う民主主義のための法技術の「ツールキット」を改善することもありえる。ブリュッセルはこのプロセスを助け、「情報センター」のような役割を果たすかもしれない。しかし、「非ヨーロッパ的活動」と決めつけるようなことに手を着けてはならないのである。

もっとも国家主導の闘う民主主義ではなく市民社会主導のそれを考えるなら、事情は異なってくる。結局のところ、オーストリアの例に戻ると、反ハイダーの抗議はヨーロッパ諸国においても（もちろんオーストリアでも）一般市民のデモを通じてなされており、オーストリアへの旅行をボイコットするといった、より個人的な手法もとられていた。こういった象徴的なジェスチャーは、政治的シェイミングの試み、つまり政治的に恥ずべきとされる行為に対して注目を集め、反感を表明するものであった。一見すると、一般市民によるこのようなシェイミング（ましてや「超国家的なシェイミング」）には、闘う民主主義の機構を独占的に扱う政治家や裁判官と対立するものとして、多くの利点がある。結局、政治家というものは、しばしば偽善的であると疑われるものだろう。すなわち、道徳的な懸念を隠れ蓑にして、自分の人気取り、あるいは自国の国家利益を追求しているのではないかと思われるのである。他方で、裁判官は反応がより鈍いものである。もちろん、その反応は鈍いべきであり、裁判官は手続的なロジックによって拘束されるべきである。それゆえ、反民主主義的挑戦のケースにおいては、政治家が政治的過ぎる一方で、裁判官は十分政治的でないのかもしれない。これらの潜在的な問題はヨーロッパに特有のものではないが、特定の国民国家の枠組みを超える場合に悪化するものではあるだろう。

それならば、民主主義の擁護——そして憲法パトリオティズムの保護的な側面、とりわけ促進的な側面——は、多くの場合、そうした国家よりその内外の市民社会や市民的アソシエーションに任されるだろう。たとえば、カウンターデモ、蠟燭を灯しての行進、ボイコットなどを考えてみよう。特にカウンターデモは、ドイツにおける右派の暴力やスペインの「バスク祖国と自由（ＥＴＡ）」に対する市民の抗議において、重要な役割を果たした。このようなデモの参加者は、民主主義がマイノリティを保護し、健全な市民的学習のプロセスが進行することで利益を得られる後の世代をも保護するものと認識していると言えよう。[36]

しかし、闘争性を市民社会に任せることは、声は大きいが代表的ではないと思われる闘争的なマイノリティに民主主義の擁護を引き受けさせてしまう危険がある。シェイミングのスキームは、法のように、ある意味で一貫した予測可能なものである必要がある。過激派や反民主主義的勢力の支持者が、どうにかして政体の倫理的特徴についての共通理解に反していると証明せねばならないのである。あるいは、これらの支持者が道徳的・政治的「冷静さ」を欠いた時にそのような共通理解に反したと証明するのでも良い。[37] 言い換えれば、市民が外国人嫌悪やレイシストのような怒り、憎悪の感情という卑しい本能に屈したということを、シェイミングによって、どのように彼らに示せるのかということについて、何らかの説明がなければならない。そのように示されたときに、市民は「メタ感情」として恥を感じるのである。[38] そしてこれらの市民は自らの問題ある反民主主義的な行動や、より広範な反民主主義的エートスを暴露されたとみなされるだろう。[39]
他方で、デモやカウンターデモの参加者は、このスキームにおいて「監視者」や「証人」として働くのであり、理想的には、このような恥に対する恐れが反民主主義的傾向を抑えることになる。問題のある政党を支持する主な形態——投票——の秘密は当然保たれているので、反民主主義的活動に魅了された市民は、最終的に「想像上の他者の想像上の眼差し」を感じるようになることが期待されるだろう。[40]
　このようなデモ、憤りの公的表明、暴力の被害者との連帯、その他すべてのシェイミングは、関心を持つ市民が、法の支配の範囲内でイニシアチブをとった結果としてなされるものでなければならないだろう。そうでなければ、シェイミングは市民社会の枠内で自主的になされる「民主主義的自警」の問題となってしまい、これは法の支配とは両立しえない。こうして初めて、恥は本当に民主主義にとって利益のある「拘束する、相互作用の効果」を持つものと想定できるし、恥をかかされた市民たちが集合的な「自己改善」の企てに加わることを期待できるのである。(41)

しかし、市民社会を通じたシェイミングにはもっと一般的な懸念も残されており、それは間違いなく国民国家の枠を越えて悪化するものである。ジェームズ・Q・ホイットマンが指摘するように、政治的シェイミングは、政府によって組織されはしないにしても奨励される場合は特に、無分別で感情的な大衆の政治と容易に結びついてしまい、民主主義的生活の質を損なうことがある。(42) この可能性は、超国家的なレベルにおいてもなお高まる。国境を越えたシェイミングは簡単に「国家化」される。すなわち、二〇〇〇年のオーストリアのケースでまさにそうであったように、国家的な憤慨と防御の政治を促進するかもしれないのである。

最後に、オーストリアに対する制裁が多くの点において失敗したと当然に判断されたことは、記憶に留めておく価値がある。ヨーロッパの指導者たち（特に、二年後に自国で直接右派ポピュリストの挑戦者と対決することになったフランス大統領ジャック・シラク）が偽善であると非難を浴びただけではない。ハイダーや類似の右派政党が誤解されていたという風潮もあったのである。そのことによってハイダーたちの反発を招くような性質が減ずることはなかったのであるが。オーストリアに対する制裁は、しばしば、先に「否定的共和主義」として参照されたもののように説明されてきた。言い換えれば、制裁措置は過激派一般への対抗策として正統とされたのではなく、特定の過去、すなわちナチスの過去への回帰と闘う手段として正統であると言われたのである。しかし、オーストリア自由党と過去の様々なヨーロッパのファシスト政党との間に「本質的な親和性」があると主張することは、二〇世紀後半のポピュリストおよび外国人嫌悪的な政党や運動について、何が新しく、また様々な形で真に混乱を招くものであるかを理解しようとする努力に反しており、到底信じがたいように思われた。このような親和性を確立することは、否定的共和主義を認める特定の国家の内部においては、政党の禁止やその他の厳しい措置を講じるための最低条件であったはずである。言い換えれば、誰もがその民主的な性質を否定しない他の国へ干渉しようとする時には、さらなる正統性が求められるものであるが、この場合はその適用さえなかったのである。しかしながら、これらの超国家的な正統性の要求を考慮すれば、選択的親和性は否定的共和主義の観点からより決定的に証明されねばならなかっただろう。

オーストリアに対する制裁が裏目に出たことで慎重論が強まるのも無理はないが、このような「内なる敵」に対する闘争的措置について慎重であるべきなのは、単に用心のためであるとか、適切な政治判断を行うためというだけではない。まず、これは明らかに「超国家的な闘う民主主義」に固有の問題ではないが、言論の自由と結社の自由の権利と、民主主義を保護するという目標の間には、原理に基づいた対立が存在する。つまり、憲法パトリオティストが支持するであろう諸規範の間には、単なる普遍主義とこれが具体化させる特定の文脈の間の緊張関係ではない、純粋な衝突が存在しているのである。このような方法で民主的実験主義と集合的学習過程を縮小させることをうまく正当化できるのは、社会には権威主義的な解決策を試す機会が過去に十分あったという主張のみだろう。ファシズムの本質と効果について知る必要のあることは、もうすべて明らかになっていると思っているかもしれない[43]。しかし、この正当化は、現在における潜在的に問題を抱える政党と過去における実際のファシストおよびナチス運動の本質的親和性を示すことの重要性を再び増すものである。したがって、ニーゼンが「否定的共和主義の特殊主義的自制」と呼んだものは、このような正当化の適用範囲を狭めるものでもある。

それゆえ、EUレベルにおいては、闘う民主主義への賛同のはっきりした居場所は存在しないように思われる。EUが非民主主義的国家を排除することは疑いないが、民主主義的原理からの明らかな逸脱に満たないレベルでは、EUに何ができるのかは定かではないし、ヨーロッパの闘う民主主義の実行がヨーロッパの憲法パトリオティズムを強化することになるかどうかも不明である。闘争性は、もし構成国に「ヨーロッパのアイデンティティ」構築の一環として人為的に強制されるならば、記憶よりはるかに反リベラルなものになるかもしれない。

EUの憲法道徳——穏当な提案

それでは、実際に憲法パトリオティズムの核にあるものとは何なのか。この点について特殊性の補完物との対比の中で再度注目するべきではないだろうか。すなわち、普遍主義者のリベラル・デモクラシー的規範や価値を中心とした憲法文化は、特殊な歴史的経験を通して屈折させられ、解釈されているのか。明らかに、EU構成国とEUそのものの間には、個々の「憲法文化」に関して重要な重なり合いが見られるし、また軋轢の可能性も潜んでいる。そこに、何らかの「核となる道徳」を見出すことは可能なのか。

我々はお気に入りの普遍主義的道徳理論をそのままEUに投影できないということが、既に明らかになっている。道徳哲学者であろうとなかろうと、多くの人が核となる道徳について考えているという、人間本性についてのヒュームの考えは、どこにおいても当てはまるのである。したがって、単にEUを何らかの高度に抽象的な道徳理論と結び付けるとか、欧州憲法条約の原案のようにEUを「人類の希望である特別なエリア」と宣言することは、「ヨーロッパ中心主義」とは言わないまでも、奇異なことであろう。そうではなく、道徳的普遍主義の枠内に収まり、それでもなお何らかの要素においてEUに固有のものである憲法道徳があるかを問うのが望ましいのかもしれない。何であれ、我々はEUが生み出す「道徳の余剰」を求めていると言うこともできる。そしてそのような道徳の余剰が存在しないのであれば、当然それを正直に認めるべきでもある。

早くも一九三三年には、ジュリアン・バンダが欧州統合の強力な道徳的正当化を示している。『ヨーロッパ国民に告ぐ』において、バンダは以下のように主張している。

> 不遜なヨーロッパであっても、必ずしも国家よりは不遜ではない。なぜならヨーロッパというものは、あまり明確でなく、個別化されていない集団、そして結果として人間的な愛情を抱かれていない、熱く抱擁されていないような集団への献身を要求するものである。ヨーロッパ人は、フランス人がフランスに、あるいはドイツ人がドイツに愛着を抱くほどには、ヨーロッパに愛着を抱きようがないだろう。ましてや彼はヨーロッパという土地によって定義されるとは感じないだろうし、その領土にそれほど忠誠を尽くさない。たとえヨーロッパ

に主権を与えたとしても、非唯物論の神が微笑むのみだろう。[44]

そしてバンダは、彼の同胞に「万国の知識人たちよ、各々の国家に対し、それらが国家であるという単一の事実によって常に過ちを犯していることを伝えねばならない。[…]」と懇願した。[45] バンダは「プロティノスは肉体を持ったことを恥じた。あなたがたは国家を持つということを恥じねばならない」という警告さえも行った。[46]

少なくとも今日の知識人の一部は、この訓戒に従っている。ベルナール＝アンリ・レヴィは、二〇〇三年に次のように主張している。「私がヨーロッパと呼ぶものは、今日の自分が昨日の自分より少しフランス人でなくなっているように感じさせる。私の見解では、ヨーロッパの最大のメリットは、多くのフランスの人々が――もちろん、この法則はドイツ人、イタリア人、スペイン人にも適用されるものであるが――どんどん『私はもはやフランス人ではなく、フランス出身のヨーロッパ人である』と言うことができるようになっていることである[47]」。同じように、ピエール・ブルデューは一九九一年の「科学的・芸術的国際人」と題した講演において、ヨーロッパ知識人の同胞たちにこう呼びかけた。「我々は、文化についてのヨーロッパ議会のような存在になろうではないか。より高次の普遍化に向けて一歩踏み出すという意味において、ヨーロッパ人であることは、私にとってフランス人であることより好ましいこととなっている」[47]。しばしば非情な人（*homme sans cœur*）と呼ばれるバンダは、統合ヨーロッパが、詩人やその他すべての「具象的なもの」「感傷的なもの」に夢中になる者とは常に対極に位置するような、厳密に合理主義的な構造を持つべきであると考えた。その結果、彼は情熱そのものが馬鹿げたものであり、憎むべきものでさえあると見なされねばならないと強く求めた。ついには、バンダは——そして彼の道徳的指導に多かれ少なかれ従った者たちは——ヨーロッパ諸国の道徳的実体が過去の好戦性と利己主義によって傷つけられてきたと信じるに至った。この点においてバンダは、国家が国家社会主義と密接に結びついているために致命的に汚染されていると主張した西ドイツにおける一部の憲法パトリオティズム論者と似ている。その結果、バンダはより普遍主義的で包括的な形態の帰属を約束するような運動はすべて、それ自体、道徳的に望ましいものと考えたのである。

この議論には、道徳ではなく、歴史に着目しているが、さほど劇的ではない（おそらく説得力に欠ける）ものもある。国家はかつて強力な道徳的実体を持っており、国民国家に必要な連帯と実質的な平等を提供することによって、民主主義的な政府の構築を可能にしていたと考えることができる。国民国家は、現代において大規模な選挙制民主主義が現出した唯一の政治形態であり続けている。しかし、その道具的価値はもはや薄れてしまった。道徳的実体が傷つけられたことで、国家というものが何らかの意味で道徳的に疑わしいものとされ、国家を越えることが道徳的な要請となったのではない。そうではなく、国家は単純に以前の「倫理的重要性」を失い、その他の超国家的あるいはポスト国家的な民主主義が有力になったのである。

バンダの厳格な反情熱的ヨーロッパ論から、倫理的重要性の喪失という目的論的な物語に至るまで、これらすべての主張には基本的な混乱がみられる。より大きな政体はより普遍主義的であるということは、説得力がまったくない。ソヴィエト連邦は地球上のかなりの部分を占めたが、そのためにより普遍主義的になったり、排他的でなくなったりすることはなかった。国民国家は、超国家的政府に権限を移譲することなく、有意義な方法でより普遍主義的になることができる。望むのであれば、ヨーロッパでもカナダ諸邦のような結びつきが可能なのである。普遍主義が国家に人権を擁護することにコミットさせ、また自国民と外国人の道徳的平等を認めることにコミットさせる限りにおいて、国境を寛大に開放する政策は、超国家主義なしで目的を達成することができるだろう。

それでは、EUが少なくとも構成国間における平和を約束するものであるという一般的な主張についてはどうか。別の言い方をすると、しばしばEU当局によって唱えられてきた「EUは史上最大の平和創出プロジェクトである」というアイデアはどうだろうか[49]。欧州統合のプロジェクトの背後にある道徳的な狙いの一つが平和の保障であったことは疑いようもない。さらに踏み込むと、ＥＵを反帝国主義のプロジェクトとみることもできる。ＥＵは、大陸が覇権的な権力の行使に支配されることを防ぐように設計されている。それは、過去のヨーロッパで覇権を得ようとする動きが常に暴力的であり続けてきたからである。スペイン、フランス、ドイツ、そしておそらく二〇世紀後半におけるロシアのような覇権と統一を求めた国々はすべて、ヨーロッパの歴史の中で打ち負かされてきた。その意味では、ＥＵはヨーロッパの特異性を平和的に継続するものとみることもできる。権力の均衡を図ること、覇権を得ようとする潜在的な動きに対して共同で抵抗すること、軍事的な手段による統一の目論見に対抗してヨーロッパ内の多様性を保持すること。これらの伝統はすべて、ＥＵの特異な憲法構造において乗り越えられたが、維持されてきたとも言える。差異を執拗に強調すること――分離独立をいとわないことまでをも含む――が、ヨーロッパ内の反帝国主義の政治を特徴付けていると言えるだろう。したがってＥＵは、しばしば断定されるような神聖ローマ帝国（あるいは、その他のあらゆる帝国）の再来ではなく、反帝国主義の洗練された制度的表現なのである。

しかしながら、問題となるのは、このような議論が今日どれだけ道徳的な力を持つのか、また少なくともどれだけ歴史的な妥当性を持つのかということである。ヨーロッパの国民国家間の平和を保つことと、ＥＵという超国家的な統合のプロジェクトの間のつながりはいくぶん脆弱である。ＥＣのみがヨーロッパの紛争と暴力の歴史に対する解決策を提供できたと結論付けるのは困難であり、ＮＡＴＯはその有力な対抗馬となるだろう。さらに、ＥＵの解散はもちろん、ＥＵが弱体化した先には戦争が待ち構えているというレトリックをヨーロッパの政治家たちはよく用いるが、ここには奇妙な点がある。戦争についての話と牛乳の輸出入割当数についての日々の交渉のリアリティとの間の不一致は、市民を混乱させる可能性があるし、民主的実験主義の本当の課題から注意を逸らさせてしまう。民主的実験主義とは、幸いにも「戦争」より危険でないことの多い具体的な問題を解決しようとするものなのである。

平和は、ナショナリティが致命的に傷ついていると想定することよりも強い主張であり、少なくとも多少は大陸中に響き渡っているものだろう。多くのヨーロッパ人は自国の歴史を批判的に見ようとする。しかし、彼らは、合理主義的で反情熱的なヨーロッパのみが自らを救済すると考えるほどには、自国の歴史を致命的な汚点であると見ようとは<u>しない</u>だろう。他方で、平和的共存は、連結した様々な憲法的コミットメントによって強固なものとされており、平和がＥＵ内部において必然的に主要な動機とされると主張しなくても、常にＥＵの「惹きつける力」の一部となる。

それならば、歴史による正当化から一歩離れるべきだろう。また、普遍主義的道徳に注目することからも距離を置くべきかもしれない。EU内には、国家に文脈付けられた形態の普遍主義的道徳のあらゆる種類が、既に存在している。結局のところ、EUそれ自体が、多かれ少なかれ憲法パトリオティズムに立つ諸国の連なったものなのである。その代わりに、ある意味でより分かりやすいことをするべきである。すなわち、EUそのものの固有の特徴に着目し、そしてヨーロッパ立憲主義が国家レベルの立憲主義とどのように異なっているのかということにも目を向けるべきである。

EUには、少なくとも三つの固有の特徴がある。第一に、EUの立憲化は、熟議と政治的闘争の進行中でオープンエンドなプロセスであり続けている。一部のEU研究者がよく主張しているように、これは内在的に望ましいことではない。言い換えれば、「プロセスを進行中にしておく」ことや、単一の政治的アソシエーションの「プロジェクト」としての特徴には何の価値もない。すべてのことは、様々なプロジェクトや対話（あるいは企て）それ自体の特定の性質にかかっているのである。しかしそれでも、EUは先在的あるいは「前政治的」とも言えるような連帯ではなく、相互の合意によるプロジェクト・企てに基礎を置いているのであり、その一つの政体としての固有の特徴に留意することは重要である。ヨーロッパの憲法文化が国民国家レベルの憲法よりも進行中のプロジェクトという観念と合致するということは、一見間違いなく真実である。このことは規範や価値としてではなく、事実として捉えるべきである。

第二に、このプロセスは最終的な結果についてだけでなく、憲法の担い手という点でもオープンである。ＥＵの規範的（そして疑いようもなく経済的）な「惹きつける力」、あるいは時に「誘導する力」と呼ばれているものは、さらに二つの制度的な固有性に置き換えられる。一つは、ヨーロッパの憲法制定権力（もしそのような単一のものが実在するとして。詳しくは後述）は、それ自体が拡張的ということである。そしてもう一つは、ＥＵの境界線を越えて超国家的に「規範が溢れ出す」ことである。ＥＵは、時には直接的に、時には間接的に、周辺諸国の政治文化を変化させている。

第三に、事実ＥＵは、（そのさらなる拡大がなくともこれは真実であるが）単一の憲法制定権力に基づいているのではなく、単一の人民（demos）に基づいているのでもない。そうではなく、ＥＵは複数の人民（*demoi*）からなる一つの集団に基礎を置いている。簡潔に言えば、ヨーロッパの人々は、彼らがどれだけのものを共有し、どれだけのものを分離しておきたいのかということについて、繰り返し交渉して決めなければならないのである。究極的な統一や画一化ではなく、連合を求めている限りにおいて。[50] 完全な統一から離れても、ヨーロッパの人々は共通の理念に基づいて共有されたプロジェクトに関して忠誠を尽くすかもしれない。そして、協働、節度ある争い、紛争解決の実践を発展させることで、共にプロジェクトの遂行に寄与するかもしれないのである。もちろん複数の人民（*demoi*）の多元性の存在が、一つの連邦国家と解体の間という不安定な状況となっているとの反対を唱えることもできる。そのような懐疑的な見方に反証する、哲学的あるいは歴史的な主張は存在しない。しかし、この本質的に歴史的な懐疑論もまた、それ自体が決定的な反論とはならない。一体なぜEUが新しい政治形態ではありえないというのか。

マイケル・オークショットは次のように区別している。EUは、全体として市民的――すなわち本質的にリベラルな――アソシエーションである。そしてその市民的アソシエーションの中で、個々の構成国のための憲法的なコミットメントと全体としてのEUがしっかりと組み合わさっている。そのほとんどの部分において、支配的なのは（経済的自由だけでなく）「消極的自由」である。しかし、より大きな市民的アソシエーションの内側では、特定の政策、プロジェクト、政治的理念を追求する「企業的なアソシエーション」が形作られるかもしれない。このより大きな市民的アソシエーションを何と呼ぶかは、開かれた問いとなっている。もし過去の定義が問題となるなら、「市民的アソシエーション」はとりわけリヴァイアサンを連想させるので、「国家連合的なコモン・ウェルス」とするのが良いかもしれない。

このようなEU内での人々の永続的な多元性を前提とすると、ジョゼフ・ワイラーの議論がもっとも顕著なものであるが、EUが「憲法的な寛容」を強く求めていると主張することは、一見すると非常に説得的であるように思われる。[51] また、EUは持続的な多元性の背景について十二分に相互学習することも要求するのであり、理想的にはそのような相互学習を可能にするものである。この特徴も、EUにしかみられない特異なものではないかもしれないが、構成国内とは違った形でヨーロッパの公序の中心に位置するものである。EUの憲法文化は、公的な領域を「浄化」するものでも、このような民主主義を「保護」するものでもない（どちらの要素もEU内に存在しているが）。野放しの主権を飼いならし、妥協の政治、節度ある争い、相互学習を確立するものなのである。

ここに至って、「シュミット的な要請」の支持者たちが声を上げるだろう。この要請とは、単純に言えば、権威あるいは意思決定の最終的な所在を明確に定義することを求めることである。そして究極的には、主権、すなわち誰を味方とし誰を敵とするかということ、また敵との闘いにおいて個々の市民を用いることができるのは誰かということについての主権的な決定を、権威的に割り当てるように要求する。EUは、誰が決めるのか（*quis iudicabit*）というホッブズ的な問いに答えることに失敗し続けている。EUでは、恒常的に権力が分散しているように思われる。議論のチャンネルは複雑であり、ヨーロッパの諸国民が何を共同で行い、何を単独で行いたいのかということを測る手段は非常に豊富なのである。

私の見解では、このシュミット的な問いに対する単純な哲学的あるいは法的答えはない。EUに劇的な変化が起きて伝統的な連邦国家になるのでなければ、結局のところ、EUには単一の特定可能な主権の中心などないし、「政治的なもの」を経済的なものと倫理的なものに置き換えてしまう。カール・シュミットが、リベラリズムはいつもそうであると主張したように。言い換えれば、EUは生命にかかわる紛争や殺し合いが起こる可能性という敵意を、平和的な経済競争と理性的な討論へ、つまり商品の交換から意見の交換へ変えようとしているのである。EUはその政治的共同体の個々の成員に対して「ブリュッセルのために死ね」と要求することはできない。そのような究極の犠牲は、ヨーロッパの契約の一部ではないし、今後そうなることも決してないだろう。これは「ポスト政治的」世界とも呼べるものである。もしパトリオティズムが、祖国のために死ぬことは美しく名誉である（*dulce et decorum est pro patria mori*）という一句と切り離せないと思うのであれば、「ポスト・パトリオティズム的」世界と呼んでもよい[52]。

もちろん、これは既に述べたことを繰り返しているに過ぎない。EUはリベラルな市民的アソシエーションであり、もし政治をシュミット的に理解するなら、その構成国を政治的なものから解放するように設計されている。しかし問題となるのは、これが何を含意するか、ということである。規範的には、ここで抜け落ちているものはない。「政治的な死」と犠牲に意味があると考える者は、EUのような存在は、法を「非常に官能的で、政治的で、危険なもの[53]」にしたいという思いと同様に、政治における意味への渇望も永遠に満たされることはないと、当然に主張するだろう。しかし、このような渇望自体、政治的判断よりも美に対するあこがれによって引き起こされたものであるように思われる。

実際には、その特性を保証できる(シュミット的な意味での)ポスト政治的なアソシエーションが存在しないということは確かである。敵対というものは、単独で無くすことができるものではない。たとえ我々が敵対のない世界という理想を望んでいても、我々の敵はこちらを選ぶことが可能である。これは究極的には概念的なポイントであるが、だからと言って、哲学的・アルキメデス的であって、EUのように完全な規範的体系から取り除かれると自動的にみなされるものではない。もしヨーロッパが敵であると宣告されれば、ヨーロッパは敵対か敗北を宣言しなければならないわけだが、ヨーロッパのための義勇軍を結成することによって対抗することになるかもしれず、その兵士たちは必要ならば究極の犠牲を払うことを約束しなければならないかもしれないのである。多くの国民国家でそうであるように、そのいくらかはブリュッセルのために死ぬだろうが、大多数の市民は死を求められることは決してない。このことは、正義についての疑問、すなわち義務の分配についての疑問を生じさせるが、これは伝統的な国民国家内での正義についての疑問と何ら変わらないものである。

シュミット派の人々は、こう言うかもしれない。「ヨーロッパ人は単に幸運だっただけだ――少なくとも今のところは」。そして彼らはおそらく正しい。しかし、それは誰もが世界をシュミット的に（*sous l'œil Schmittien*）に見るべき理由とはならない。ＥＵが主権と伝統的国家の根本的な文化的・政治的変容に依拠していること、そして同時にそれを推し進めているということも、また事実なのである。誰が決めるのか（*quis iudicabit*）という問いは、避けられるか、平和的に異議を唱えられるか、時には保留とされる。この変容が逆戻りしないという保証はなく、先に述べたように、国民国家を飼いならすことにコミットし、またそこから利益を得てきた者たちの支配下に完全にあるわけではない。しかし、大いなる飼いならし（Great Taming）あるいは文化的・政治的大変革（Great Cultural-Political Transformation）と呼べるものを認めないということは、政治的リアリズムのあらわれではなく、むしろ反リアリズムのそれであろう(54)。

ここで、欧州憲法条約の（少なくとも初期の）失敗について少し振り返ろう。ポスト主権的な

ＥＵを主唱してきた者たちが、その成果によって正当さを証明したと感じるのも当然だろう。結局のところ、もしエリートたちがＥＵを巨大な国家――しばしば大フランス（*une grande France*）と言われた――として「誇大広告」しないで（間違いなく宣伝にかかわっていた学者は何人かはいたが、宣伝文句はヨーロッパのエリートたちのものであって私のものではない）、国家なき連邦組織というその真の特徴を説明していれば、物事は違った道筋を辿っていたかもしれない。ヨーロッパ人は、憲法的統一ではなく、憲法的寛容を追求するもの、互いに結びついたもの、そして重要な点においては別個なままのものとして、自らを理解することができただろう。――差異の承認と維持を至上の価値とする、現実の、または想像上の「他者からなる人民（people of others）」あるいは「様々な人民からなる人民（people of peoples）」として。

　このようなＥＵの「ポスト主権」的解釈には概ね共感できるが、このヴィジョンに対して三つ懐疑的な点を挙げておきたい。第一に、ヨーロッパの憲法の総体的な道徳的解釈は、ＥＵ全体の重要な特徴に光を当てるが、市民個人に直ちに適用することはできない。私は以下のように考えている。ヨーロッパ人は、ポスト主権的ヴィジョンにおいては、「ヨーロッパの人々の名における」「服従への誘い」を受け入れる用意をしているか、あるいは既に相互の信頼と同一化を基礎として、相互承認の準備ができていると言える。言い換えれば、ヨーロッパの人々は誘われるのであって、強制されるのではない。人々に何かを強制するヨーロッパ国家なるものは存在しないのだから、それは当然のことである。

このような徳――より高次の法に服従し、「ヨーロッパの人々の名において」提起されるものの高次の合理性を受け入れる性質――が歴史的な学習プロセスの結果であるということは、暗黙の前提とされている。しかし、このことはヨーロッパ人がより良い人間になったと言っているように聞こえがちである。そして、「高次」と「低次」に自らをはっきり分けてしまうということは、感情的な国家のドクトリンと合理的な超国家のドクトリンが対立するという構図に暗に依拠している。実際に、EUについて議論する全員がこの構図を当然のものとみなしているが、これには大した根拠はない。

私が言及したいポイントは、個々人としてのヨーロッパ人は「服従するように誘われた」とは感じないし、事実、低次の感情的な国家に依拠する自己を道徳的に開放するために服従しているのではないということである。彼らは、リベラルな市民的アソシエーションの中でより容易に生きることができるようにし、多くの市民にとって欠くことのできない敗者の同意――率直に言えば――を与えるような、好ましい制度的・文化的な環境に身を置いているだけである。同じように、EU内部の人々がコミットしてきたリベラル・デモクラシーの原理の解釈をめぐる争いは、既存の諸国の範囲内において、またそれを超えて起こっているが、そこには一方が情熱、もう一方が理性といった整然とした区分はない。このプロセスは、憲法による規律を通した国家の自己浄化といった観念であるとか、低次の自己からの解放ということを暗に示すような目的論によっては、単純に捉えられない。

相互承認と差異の称賛というまぎれもなく魅力的な理念には——これが第二の懐疑的な点であるが——明確性と特殊性がいくらか必要である。「承認の政治」に対する一般的な批判と、ヨーロッパの「超国家的多文化主義」が一種の「多元的単一文化主義」に変化してしまう危険をさて置いても、「承認」に特有の主体と対象、およびその特有の正当化[55]についての基本的な疑問は残る。

承認（recognition）という概念についての議論においてしばしば言われてきたように、既に存在するものを認知するという意味での「認識（cognition）」と、他と区別される特別なものを能動的に賞賛するものとしての承認の間には、決定的な違いがある。この違いは、妥当であると認めることと、価値あるものと認めることの違いと表現することもできるかもしれない。あるいは「～であることを認める（recognizing as）」ことと「～と認める（recognizing for）」ことの違いであるとも言える。「～と認める」ことは、さらに構成要素を分けることができるだろう。共有されている価値や善であるとか、倫理的生についての社会規模の理念、あるいは人倫（Sittlichkeit）という点での特別またはユニークな貢献にかかわる承認がある一方で、既存の人倫への貢献という枠にはまったく収まらないが、歴史的な不正義によって正当化される[56]、特別な地位を求める主張に対する承認もある。

ポスト主権のヨーロッパにおいては、いくつかのタイプの承認が問題となっているように思われる。第一に、既に民主主義的な政体を構成しているところでは、その構成員となる人々は、互いを自由で平等な存在として承認し、相互に権利と自由を認め合っているだろう。これこそがまさにヨーロッパ全体のシティズンシップの意味であり、欧州連合基本権憲章の意味である（たとえこれらの権利がEUの市民と機関にしか適用されないとしても）。第二に、そのような構成員は、特定の差異を保持する権利、あるいはワイラーの言う「他者」であり続ける権利を、人民（*peoples*）として互いに認めることができる。これが法的な「留保」、「免除」、「文化的例外」のロジックである。もちろん、これは保護主義と薄皮一枚の違いしかない。しかし、これは認められうる権利であり、また理論的には民主主義的な政体に等しく分け与えられる権利であって、再帰的な憲法制定・改廃に左右される。

しかしながら、差異を保持する権利の承認は、たとえば超国家的な裁判所が存在して、保持されると考えられるような特性が真に「特別」あるいは「特有」のものなのか、単純に経済的に有利になるための手段ではないのかということを判断するような場合には、それ自体が特別なものとしての承認の一形態となるかもしれない。この場合、他者性に対する権利の適用そのものが、「他者」である裁判所の判断に服することとなるのである。

そして第三に、承認に関するEUの実践に規範的な内容を持たせようとする際にEUの学者たちがもっともよく言及する形態の承認がある。それは、立憲的な民主主義諸国の基準と実践を相互に承認することである。しかし、ここで相互承認が正確には何のためになされるのか、という疑問がすぐに浮かんでくる。多様性そのものに重要な価値があるがゆえに、相互承認は多様性の最大化の名の下でなされるのか。それが意味付けの重要な源泉であって、個々人の本質的な要求を満たすものであるという理由で、国家の伝統を（多様性の全体的なレベルにかかわらず）保つためなのか。あるいは、もっと単純に、共同市場を形成している国民国家間での競争をきちんと規制するためなのか。そして、このような競争に対する規制は、全体の富を最大化するという目的によって正当化されるのか。またこの目的は諸個人の福利に対する寄与によって正当化できるのか。最後に、相互承認は互いの信頼と尊敬を示しているものなのか。

私の見解では、これらの承認に絶対的な順位を付けることはできないが、それぞれ性質がかなり異なっていることは明確である。これら様々なタイプの承認は、かなり異なった価値を参照して正当化される。したがって、国家の伝統を承認し尊重している例として経済競争の規制を挙げるような不誠実(57)を避けるために、これらの正当化について詳しく説明することは急務である。言い方を換えよう。相互の経済的利益の追求を目的とするスキームにおける法的道具としての相互承認には何の問題もない。しかし、これは、交差し、重なり合い、あるいは相互に競い合う文化的伝統と価値についての全ヨーロッパ規模での対話とは(こう言って良いなら)かなり異なることは実際上、疑いのないことであり、認識も可能である。

それでは、EUの現状はどうだろうか。まずEUは、構成国間での承認の開始前に、同質性の創造主であると指摘することが重要であろう。「主権を超越する」と称賛されることが多い諸政体からなる一つの政体であり、それはそもそも既に主権を獲得した構成国の存在を必要とするのが実際である。加盟を待っている国は、リベラル・デモクラシーへの一般的なコミットメントを超えて、主にその行政能力によって評価される。それは、より古臭い言い方をすれば、主権者が実際にその意志を行使できるかを問うということである。EUも実際上、ヨーロッパの国家モデルを輸出する機構となっている。差異が承認される前に同一性が確立されねばならないのである。このことは、いわゆるヨーロッパ化を受ける側の国にはほとんど隠されていない。オルハン・パムクはこう言っている。「隣人を愛そう。ギリシャ、イラン、シリアを愛そう。EUに加盟し、平和に生きよう。しかし、『隣人が何と言うだろうか』と心配になっているとか、隣人と上手くやっていくべきというだけの理由で、我々自身の考え、アイデンティティ、人格を棄ててはならない」(58)。もちろん、加盟と共にこのような同一性が承認されると主張することもできるだろう――事実として認識する、あるいは「～であることを認める」という形において。しかしいくつかの規範的理論が言及するような承認は、このようなものではない。

それでは、EU内の複数の人民(*dmoi*)にとってもっとも重要な形態の承認である相互承認とは何なのか。EUによる規制に関する限りで、「トップダウンによる調和」から相互承認への大きなシフトがあったことは、経験的にほとんど疑いがないことである(59)。しかし、問題はこのような相互承認が何のためになされるのかということである。おそらく、それは生き方を保つためというより、主に経済的利益のためであろう。したがって、差異の探求や差異に対する取り組みは、EUの主要な特徴となり得るものではあるが、おそらく「誇大広告」されるべきものではない。

EUのポスト主権的解釈についての三つ目の疑わしい点は、――すでにそれとなく示してきたが、簡潔に言えば――EU立憲主義が継続的な対話、あるいは果てしなく続くプロセスであるべきだというアイデアに関することである。このような観点からは、人民による条約や協定の拒否といった、憲法に関する失敗と思われるようなことであっても、建設的なナラティブの一部になり得る。失敗はさらなる包括性の前触れであり、より多くの声に耳を傾ける、あるいは同じ意見を異なる点に注意しながら繰り返し聴く機会なのである[60]。このようなヴィジョンでは、EUは永遠に発展し続けるようなものであり、それは「ヨーロッパ性」（探し求められ、取り組まれ、拡張される、多様な多様性の永続的形態）を獲得することが決してない、永続的なヨーロッパ化である。ヨーロッパは、二人の学者が提起しているように、「ヨーロッパを行う」ことを続けているのであり、そこで主になされていることは「多様性の組織化」なのである[61]。

しかしながら、〈憲法の討論が終結した状態〉（constitutional closure）対〈果てしなく続く対話〉という二分法は誤りである。正統な憲法であれば、団体や個人が根本的な問題を問い直すことができるように、異議申し立ての手段を設けているだろう。問い直される根本的な問題には、問いそのものを問い直すプロセスを支配する諸規範も含まれている。もちろん、このような問い直しの試みは成功が保証されているわけではない。そして、問い直しがあるからと言って、単に対話が何らかの方法で継続しているというだけの理由で、真の包括性が約束されるわけでもない。市民はまた、EUの学者たちが時々言及するように、憲法とヨーロッパの諸制度が読める（*lisible*）ものであることに合理的な期待を寄せている。市民が暮らす政治的な世界は、基本的なことを理解でき、安定して期待を持つことができ、異議申し立てのチャンネルをはっきりと示すことができるように、そして同時に、市民が望んだときには政治から離れた時を過ごせるように、十分「読める(readable)」ものでなければならない――たとえヨーロッパの立憲主義が時間のかかり過ぎるものであるとしても。継続的で、自覚的に複雑で、永遠に結論の開かれたプロセスは、このような読める(*lisible*)ものには容易にならないし、トマス・ペインが憲法に適用しようとした基準さえも満たさないかもしれない。その基準とは、「可視的な形態」をとることである。つまり、市民は少なくとも一時的に憲法の討論が終結した状態を理に適って期待しているし、完全に憲法的なものではない、苦痛も喜びもある通常のモーメントに期待しているのである。

それでは、これらのことと憲法パトリオティズムはどのように関係しているのだろうか。理想的には、実際に「読める(readable)」文書に基づいて、ヨーロッパ人は過去数十年間の内に発展した政治的アソシエーションを支持することもできるし、異議を唱えることもできる。同時に、EU内で発展してきた特定の原理や実践――相互の尊重と学習、節度ある争い、コンセンサスの形成――を意識的に支持することは、各構成国の中で憲法パトリオティズム的な愛着を抱くことと両立しないものではない。特定の政策的課題を解決するための相互学習と、共有するプロジェクトをめぐって相互にアイデンティティを確認する――「共同のアイデンティティ」ではなく――ことは、ヨーロッパレベルと国家レベルの間を行き来するような実践となり得る。[62] その意味において、まさに「マルチレベル」のものである今日のヨーロッパの政治構造は、その特定の問題や問われているプロジェクトに応じて、多元的なレベルでアイデンティティを持ち、また異議申し立てを可能にするものでもある。これは「超国家的な民主的実験主義」と呼ぶことができるだろう。

このような様々な種類の愛着は、多くの場合において、同じリベラル・デモクラシーの原理の意味と発展可能性、また個々の国民国家あるいは共通するヨーロッパの憲法文化にもっとも適合する方法をめぐる争いがあるように、互いに情報交換し、互いを豊かにするのである。政治家、裁判所、そしてある程度は市民も、「もっとも適合するもの」について互いに熟議することができるのであり、必要であれば、もっとも重要な事柄を維持し発展させるために参加と棄権を柔軟に調整することができる。各国家は、それぞれの歴史に根付く憲法の必須事項を棄てるように強いられることはない。しかし、他の国々、おそらくは諸国家からなるグループすべてが、どのように特定の憲法の必須事項を捉えているのかということについての対話には参加し続けるだろう。したがって、原理や実践をめぐる争いについては、超国家レベルで遮断されるわけではないし、必ずしも徹底的になされるものでもない。また、ほとんどの部分において、完全に包括的でも継続的でもない。しかし、もちろんこれは国民国家に対しても当てはまることである。

ところで、もし異なったレベル間で憲法についての激しい対立が起こる可能性、そしてその中から選択する必要性が考慮されなければ、政治理論からの政治の撤退を招くだろう。このように考えると、「ＥＵ」と呼ばれる、永久に進化し続け、無限に変化するが、調和した政体のポスト主権的なヴィジョンが、まったく政治的ではないとする非難に対する信頼が確かに回復するだろう。この非難は、シュミット的な議論にまったく依拠せずとも提起されるものである。しかし、特定の政治的主張しか公的に受容されず、差異を保つことが推定的に一定の重要性を有する政治文化にこれらの対立が内包される傾向があるという事実は、ＥＵがＥＵの特別な憲法文化を特徴付ける実践や原理を一定の幅で生み出してきたという指摘に裏付けを与えるものである。このことは、確かに何を保証するものでもないが、しかし憲法上の取り決めとして、そして憲法パトリオティズムの焦点として、確立されている民主主義的な国民国家に期待できるものと比べて明確に劣っているものでもない。最後に、前述した通り、ＥＵを他のものと区別し、成功に導くものの多くは、既存の構成国がリベラル・デモクラシー的であり続けるがゆえにこそ、維持されるのである。これは国民国家に取って代わろうとはしないが、継続的に変化させ続ける奇妙なダイナミクスである。

しかし、これだけで十分なのだろうか。私は基本的にハーバーマスとは異なる哲学的ルートを辿ってきた。すなわち、「普遍主義的理念はどのようにして既存の政治組織において効果的なものとなり得るか」ではなく、いかなる協働についての道徳的原理を実際のEUの立憲化プロセスの中に見出すことができるかを問うてきたのであった。もしラベリングする必要があるならば——哲学的なものであろうとなかろうと、財の輸出に際してはラベリングが常に必要であるように思われるが——、これは既に存在する何らかのものを回復する、EUについてのヘーゲル的な視点であると言うことができるかもしれない。しかし、ある意味で、これら二つのアプローチは最終的には一つに収束する。ポスト国家主義的な政治文化は、背後にある「既に存在するもの」と共に働き、またそのもとで機能する。そしてヨーロッパの憲法パトリオティズムは、既存の実践を足掛かりとするのみならず、意図的もしくは偶然に発展してきたであろうものを超える、開かれた可能性と規範的な展望を見出すだろう。

したがって、EUの憲法道徳の輪郭を描くことは可能であるが、EUは権威が明確に線引きされていない政治的なパッチワークのようなものであって、これを手放しで称賛すべき理由はない。異議申し立ての可能性が開かれていることは、ヨーロッパのプロジェクトの正統性を保証する上で必須であり続ける。そして異議申し立てが可能であるということは、単に市民が「異議を唱える力」を持つことだけでなく、どこで、誰に、あるいは何に対して異議を唱えるかということについての基礎的な知識にも依存する。そのためには上訴、手続、協議のための資源と呼ばれるものが必要となる。[63] そして、少なくとも予備的に、以下のように結論付けることもできよう。EUに対する持続的な支持という意味で正統であるためには、異議申し立てを可能とする明確な場が必要とされる――ここでもまた何らかの「読める」憲法が必要とされるのである。

ヨーロッパの憲法パトリオティズムは、このような憲法において固定点を見出すであろう。しかし、より重要なのは、憲法パトリオティズムは静的な愛着というよりも、プロジェクトとして継続的に取り組まれ続けるということである。これは超国家的な憲法パトリオティズムに限ることではない。意味をめぐる複雑なマルチレベルの争いによって、超国家的な憲法パトリオティズムは、いくつかの点で「国内的な憲法パトリオティズム」より要求度が高いものになるのであるが。また、超国家的な憲法パトリオティズムは、EUがしばしばそうであると説明され、もしくはそうであると称賛されるように、独特（sui generis）であると言えよう。しかし、繰り返すが、それ自体は喜ばしいことではない。ポール・ヴァレリーがかつて現代の新奇嗜好（*néomanie*）と呼んだものに同意したいのでなければ。

後記――それで十分か

憲法パトリオティズムの支持者は狭い道を歩かなければならない。多くの哲学上の競争相手とは異なり、憲法パトリオティズム理論は、現代社会の複雑性という特質と折り合いを付けようと試みている。しかし社会の複雑さはリベラル・デモクラシーへの愛着の必要性を否定することはできない。憲法パトリオティズム理論は、共和主義的直観、とりわけ恣意的な権力に晒されない市民の権利を維持するが、このような直観は政治的な注目と配慮というものが希少な資源となっている世界における市民の実践に翻訳されなければならないと主張している。別の言葉で言えば、我々はナショナリズムを立憲デモクラシーにとって安全にものとするために、フィレンツェにも戻ることはできないし、理想的なリベラル・ナショナリズムと想定されてきたイギリスまたはカナダの挫折に依拠することもできないのである。

憲法パトリオティズムに反対するかなり多く人たちが主張していることとは対照的に、憲法パトリオティズムは、人々に対して、自らをナショナルな伝統から完全に引き離すことを求めるわけではない。市民的なものと民族的なものとの間の非現実的な——そして規範的に有用とは言えない——区別に依拠しなければならないわけでもない。憲法パトリオティズムの目的は、一種類の道徳心理学しか残らないような世界を創出するわけではない。すなわち亡命者または追放者からなる世界でもなく、文化（さらに憲法）のグローバルなスーパーマーケットにおける消費者の世界でもない。むしろ現存し、ますます多様な民主主義、そして「超国家的な民主的実験主義」と呼ばれるところのものに根拠を与えることが想定されている。しかし「根拠を与えうること」は、よく主張されるように、単なる「道徳共同体」との「同一化」を含意するのではなく、愛着を抱き、それを修正し、そして再び愛着を抱くという継続的批判的プロセスを構想しなければならないということを含意する。

しかしながら、結局のところ、独特な規範的提案で十分なのであろうか。異なった旗印の下で、若干、装いを新たにしたリベラル・ナショナリズム、または単なる市民ナショナリズムといった提案ではないのだろうか。おそらくあまりにも広範な概念であるために、実際には政治的意味を持たないのではないだろうか。あらゆる真正の政治的概念はその反対のものと対照されなければならないというカール・シュミットの要請を真剣に捉えるならば、その反対のものとは何であろうか。一つは、本書の中ほどで描き出した背景的道徳理論に基づいて、自らが非憲法パトリオティズム――たとえば憲法の必須事項、とりわけマイノリティが持つ諸権利を「国益」と称される利益の下で侵害するような一種のナショナリズムに直面していることを見出すことは十分に可能である。そのような状況では、まさに憲法の必須事項が侵害され、そして憲法文化が損傷を受けたという名の下に、憲法パトリオティズムの規範的な実体理論は、異議申し立て、そして市民的不服従をも促すことになるだろう。

本書の冒頭で、大雑把に言えば、憲法パトリオティズムは、否定との敵対的関係に主に依拠していると強調した。この否定というものは、現在だけではなく、過去にも位置しているとされる。ところで、「何かの味方になることは、少なくとも敵を同定することを含意している」ということは事実である。(1) しかしその反対は成立しない。つまり何かの味方になるために、予め敵を同定することから始める必要はないのである。憲法パトリオティズムは、本書で主張した強力な規範的意味においては、必然的には何が正統な政治として見なされるかについての制限、それゆえ潜在的には闘争性を含意する。過去に対して常に改められた態度で望むこと、それゆえ謙虚さを持って記憶を形成することをも示唆している。しかし「アインデンティティ形成」は敵の捜索（*chercher l'ennemi*）や闘争性、または歴史において悪を同定することから始めなければならないといった単純なことではない。このことが、私が国家横断的記憶と闘争性に関して慎重であり、その代わりに超国家的立憲主義に特有の道徳性の可能性を強調してきたことの理由である。

憲法パトリオティズムは、多くの点で回避戦略（さもなくばナショナリズムそのもの）であるとも言われるだろう。少なくとも普遍主義的規範と特定の過去の克服との間の緊張、同じように民主主義的諸原則と闘争性の観念との間のそれが常に存在するであろう。[2] 私には、憲法パトリオティズムは過去に関する特定の主張ではなく、議論のための議論として用いられれば用いられるほど、成功を収めるように思われる。同じように、民主主義の敵と疑われているものとの関わり合いを促進するのに従事すればするほど、成功を収めるであろう。このように言うことは容易いが、しかし、以下のことは再び強調しておかなければならない。結局、民主主義は、その過去の克服または民主主義の自己防衛のために自由に使える手段と当然のことながら同じというわけではない。民主主義は、その内にいる民主主義者をまさに意味するのである。

したがって、憲法パトリオティズムは、とりわけその意味をめぐる闘争のプロセスとして理解されるべきである。そしてその意味は、普遍性と特殊性との間の緊張から生じる。そうではなく、もし憲法パトリオティズムが、石に刻まれた政治的アイデンティティ、または展示ガラスの向こうの羊皮紙に書かれたものの唯一無二の忠実な表現として提示されるとしたら、市民宗教、またはある種のマッカーシズムのようなものに転じてしまう危険が実際にあり得る。

トクヴィルが、アメリカ合衆国の未来について懐疑的に語ったことは有名である。「私は人間が完全な状態に至る可能性に対する信仰に貢献したいが、人々がその性質を変え、完全に変質するまで、私は、四〇もの異なる人民を結束させ［…］、彼らが抗争、陰謀、闘争に落ちることをさせず、そして彼らの独立精神を共同計画に即した行動へとまとめ上げることをその任務とする政府が長く続くことを信じることはできないだろう」。EUは人々の「性質」を「完全に変質」させたのだろうか。賢明なアメリカの観察者が言ったように、「しっかりとした支えまたは確固たる信念」を失い、「臆病で、貪欲で、自己陶酔的」[3]になったままである。

EUへの無関心を改善しようとする人々はしばしば、あたかも（かなり漠然とした）EU熱を刺激するしか方法がないかのように言う。このような人々の提案の多くが、国民国家に刻まれた政治上の（とりわけ敵意ある）論理の中に留まっていることは確かである。これらは民主政治、とりわけ政体の形成に必要な政治エージェンシーのための不変的な道徳心理学または動機付けの構造が存在することを想定している。疑いのない忠誠、そして政治的理想の情熱的な追求は、そのような心理学——バークの言葉によれば、「熱心な市民は、冷たい関係を有さない」——の中心部分であると考えられることが多い。最も非妥協的な合理主義者と普遍主義者にとってすらも、これらの論理とそれに付随する心理を完全に無視することは、実際上ほとんど考えられない。たとえば、「冷たい関係」の著名な支持者であるジュリアン・バンダは、彼の仲間の知識人に助言する際、結局のところ、尻込みしているようにも思える。「それは、ナショナリストのプラグマティズムに対して他のプラグマティズムを、偶像に対して他の偶像、神話に対して他の神話、神秘に対して他の神秘を対立させているという問題である」。そして彼は知識人の仕事を次のような言葉で続けて定義する。「神々を作ること」と。したがって、彼は最後には「あなたはナショナリストの情念を他のものによって消滅させようとしている。これは理性という情念であろう。しかし、理性という情念は、あくまで情念であり、理性とはまったく異なるものである」と認めなければならなかった。(4)

EUは、このように、ある情念を他のそれと、ある絶対的な愛着を他のそれと、ある政治的アイデンティティを他のそれと置き換えるといった論理からの逃げ道を提供するであろう。ナショナルな情念が「ヨーロッパの情念」に取って替わったり、愛着がヨーロッパという国または憲法に方向を変えたといった取替（または方向転換）の戦略を避けることを必要とする[5]。これは、情念を完全に弱体化し、パトリオティズムを合理的な「達成」に対する敵意から引き離し――問題のある過去から完全に逃避しようとする「成り上がりヨーロッパ」の妖怪を生じさせるといった相対化の戦略を指摘しているように思われる[6]。しかしながら真の挑戦は、以下のような情念と懐疑の両者のための余地を残した政治的な愛着の形態を発見することである。そこでは人々に理性と情念の様々なレベルで、様々な形状、そしてこう言ってよければ理念と情念の「可変翼方式」によって、自らが高く評価している政治的な諸原理の最良の解釈を求める闘争を行うことが許される。

　このような見地において、国民国家は、たとえEUの形成モデルを提供できないとしても、欠くことができない[7]。同じように、国民国家に対するリベラルな形態の忠誠は、ヨーロッパの憲法パトリオティズムによって取って替わられるのではなく、補完される。しかし多かれ少なかれ積み木箱としての「アイデンティティ」の観念を暗示してしまうために、「補完」という言葉は適切ではないかもしれない。ユルゲン・ハーバーマスは、ヨーロッパの人々は、自らのナショナル・アイデンティティに対して「もう一つの（ヨーロッパの）階層を作り上げる」か、または「ヨーロッパの次元」でそれを拡大することを要求した。しかし、ヨーロッパという自己は、自由でコスモポリタンな空気を吸えるような美しいテラスがありながら、ナショナリストという悪魔が地下に埋められたままとなっている家ではない。おそらくフランク・ゲーリーまたはダニエル・リベスキンドの建築物にむしろ似ている。

さて、ＥＵ圏外の人々にとって、愛着の修正や相対化を（このような相対化を相対化することなしに）賞揚することは無知で、実際、無礼にあたるかもしれない。ポーランド国境に一列に並ぶウクライナ人、カナリア諸島沖のボロボロのボートから拾われたモロッコ人、または *attaquer les grillages*――北アフリカのスペインの飛び領土を囲むフェンスによじ登って越える――ことをしようとしているナイジェリア人は、たとえ彼らがＥＵに対する反省的な市民的愛着への願望を持っていようがいまいが、重要なアイデンティティはただ一つしか持ち合わせていないように見える。このような現実によって、ＥＵの実験自体が相対化されることは疑いない。しかしながらこのことは、世界の他の場所に対してモデルとして役に立ちうるものが、遂に旧大陸に新しく出現したという事実の価値を自動的に減ずるものではない。これはヨーロッパ中心主義ではなく、本書の冒頭で述べた一種の非強制的に「規範が溢れ出すこと」への謙虚な願望である。

この点、批判的シティズンシップという構想の重要な部分としての憲法パトリオティズムはモデルとしては役に立つであろう。すなわち憲法パトリオティズムの支持者は、憲法文化により多くものを要求し、異議申し立てを行い、政治システムに対して批判的な意見の「噴出」をもたらす地位が与えられる。その限界においては、憲法の必須事項の名の下に、市民的不服従の可能性が存在している。(8) 敵対的自己定義と無条件の忠誠への要求が、ＥＵ内外の多くの国の政治を支配するようになった時には、政体をそれによって弱体化させることなく、自己批判的な帰属の形式があり得るということを思い出させるものとして、憲法パトリオティズムは役に立つ。それは、「近代の民主主義生活の持つ絶え間ない反省」が不可避に政治エージェンシーを蝕むかもしれないという反疑念的な考えに対して疑問を投げかける。(9) 反対に、憲法パトリオティズムの主張によれば、批判的反省と複雑な感情的愛着の両者を含むプロセスによって、憲法パトリオティズムは強化される。いずれにしても、これこそが憲法パトリオティズムが約束するものであり、また人によっては、危うさなのであろう。

謝辞

学術書の謝辞が、特有の芸術的な形態をとるようになって久しい。それは、部分的には信仰告白や肯定的賛辞（captatio benevolentiae）であるが、同時に忠誠の宣言でもあり、個人であれ団体であれ、特定の誰かに対する愛着を情熱的に表現するものにもなっている。「本書の執筆に際し、多くの方に学恩を賜った」というありふれた文句や、それと同様の言い回しでページが埋め尽くされる時、学術書の謝辞は虚しく響いてしまいがちである。パトリオティズムの共通言語のように。しかし、他の諸言語と同様に、我々はこうした遺産を引き受け、何がその中で真実で価値あるものかを明らかにするように、これを作り変えるべきであろう。ここでそれを試みる。

本書は、まずハーバード大学ヨーロッパ研究センターで着想を得たものであり、本書におけるいくつかの一般的なアイデアのあらましはここで描かれたものである。そして、以下の等しく快適な環境において、それが拡張され、包括的に練り直されたに過ぎない。オックスフォード大学オール・ソウルズ・カレッジ、セント・アントニー・カレッジ・ヨーロッパ研究センター、プリンストン大学政治学部。我々は一五世紀のフィレンツェに帰ることはできないが、その残したものの近くに住むことはできる。本書が完成した場所であるフィレンツェの欧州大学院にも感謝の意を表する。

　多くの友人や同僚が、私のアイデアに応答し、またしばしば首尾一貫しない直観に応えるために、多大な時間と労力を費やしてくれた。とりわけ、何年にもわたって草稿に接し、健全な疑問の声を聞かせてくれたことに感謝する。特に、ティモシー・ガートン・アッシュ、マーク・リラ、スティーブン・ルークスは、私が本書の主要な仮説や主張のいくつかを再考することを助けてくれた。これまで通り、エリカ・キッスも懐疑と情熱をユニークに織り交ぜて私に異議を示し、私を支えてくれた。そして、少なくとも私が成り上がりヨーロッパの勝利を謳う小さな教科書を執筆することを防ごうとしてくれた。

　本書執筆の正念場において草稿の全体を読み、貴重な提案をしてくれた四人の研究者に特別な感謝を。ジョシュ・コーエン、パトリック・ガヴィガン、グリン・モーガン、カリプソ・ニコライディス。他にも、最終的に本書の一部となった各章や論文に対して、以下の人々が親切にコメントを寄せてくれた。デヴィッド・アブラハム、ハビア・アルゾーズ・W・ジェームズ・ブース、カルロス・クローサ、ジェリー・コーエン、アマンダ・ディケンズ、ライナー・フォルスト、オリバー・ゲルステンベルク、クリスチャン・ヨルゲス、シメーヌ・カイナー、ペーター・A・クラウス、ジュスティーヌ・ラクロワ、ポール・マニエット、ペーター・ニーゼン、ジェフ・オリック、エムレ・オズカン、アラン・パッテン、ペーター・プルツァー、ヘルデル・ド・シュッテル。また、二〇〇六年春にプリンストン大学の法と公共性プログラムの後援で開かれた「憲法パトリオティズム」ワークショップの参加者にも感謝を。特に、このイベントを私と共同で開催したキム・レーン・シェペリには、彼女が立憲主義についての比較法的な知見を気前よくシェアしてくれたことについても、感謝の意を表する。

各章や論文の一部は、ハーバード大学、オックスフォード大学の政治理論カンファレンス、同大学のマイケル・フリーデンによる政治イデオロギーについてのセミナー、ケンブリッジ大学、ミシガン大学ロースクール、ブリュッセル自由大学、プリンストン大学、欧州大学院、パリの社会科学高等研究院において発表されたものである。これらすべての聴衆にも感謝する。

最後に、イアン・マルコムに、その実に優れた編集、長年にわたる繊細な支援と励まし、そして何よりも忍耐のゆえに、特別な感謝を捧げる。

本書の各セクションは、論文の一部として既に刊行されている。その使用を許諾してくれた以下のジャーナル・雑誌の編集者に恩義がある。*Boston Review, Constellations, Contemporary Political Theory, Critical Review of International Social and Political Philosophy, Dissent,* そして *European Journal of Political Theory.* 第一章と第三章の多くのフレーズは、私の著作である『もう一つの国 *Another Country*』と『カール・シュミットの「危険な精神」——戦後ヨーロッパ思想への遺産』、そして私が論文集『戦後ヨーロッパにおける記憶と権力 *Memory and Power in Post-War Europe*』に寄せた序文が初出である。

本書を私の父に捧げる。

監訳者あとがき

本書は、Jan-Werner Müller, *Constitutional Patriotism*, Princeton University Press, 2007 の全訳である。

著者であるヤン゠ヴェルナー・ミュラーは、一九七〇年にドイツで生まれ、ベルリン自由大学、ユニバーシティ・カレッジ・ロンドン、オックスフォード大学セント・アントニーズ・カレッジ、プリンストン大学で学び、オックスフォード大学で博士号を取得している。

一九九六年から二〇〇三年まで、オックスフォード大学オール・ソウルズ・カレッジ研究員、二〇〇三年から二〇〇五年までセント・アントニーズ・カレッジのヨーロッパ研究センターの研究員を務め、二〇〇五年からプリンストン大学政治学部で教鞭をとっており、現在、同大学同学部教授である。

また彼はプリンストン大学高等研究所の歴史研究スクールのメンバーでもあり、ブダペスト高等研究所、ヘルシンキ高等研究所、ウィーン人間科学研究所、ニューヨーク大学レマルク研究所、ハーバード大学ヨーロッパ研究センター、フィレンツェの欧州大学院大学ロベルト・シューマン高等教育研究センターの客員研究員でもある。さらにパリの社会科学高等研究院、ミュンヘン大学、フンボルト大学、そしてパリ政治学院の客員教授も歴任している[1]。
多数の著作があるが、とりわけ単著としては、以下が挙げられる。

- *Another Country: German Intellectuals, Unification and National Identity*, Yale University Press, 2000.
- *A Dangerous Mind: Carl Schmitt in Post-War European Thought*, Yale University Press, 2003（中道寿一訳『カール・シュミットの「危険な精神」――戦後ヨーロッパ思想への遺産』ミネルヴァ書房、二〇一一年）.
- *Contesting Democracy: Political Ideas in Twentieth-Century Europe*, Yale University Press, 2011（『試される民主主義――二〇世紀ヨーロッパの政治思想』岩波書店、近刊予定）.
- *Was ist Populismus?*, Suhrkamp, 2016（〔英語版からの翻訳として〕板橋拓己訳『ポピュリズムとは何か』岩波書店、二〇一七年）.
- *Furcht und Freiheit: Ein anderer Liberalismus*, Suhrkamp（二〇一八年公刊予定）.

本書『憲法パトリオティズム』は、中国語、セルビア語、ギリシャ語、トルコ語、韓国語に翻訳されており、二〇一〇年には彼の手によるドイツ語改訂版としてSuhrkampから出版されている。多様な言語に翻訳されていることからも分かるように、本書は憲法パトリオティズム論の決定版とでも言うべき評価を得ている。このことは、憲法パトリオティズムの最も有名な提唱者であるハーバーマスが付した「憲法パトリオティズムの議論が当初展開された政治的かつ思想的な歴史的コンテクストについて、本書よりも正確で注意深い説明を私は知らない」という推薦文（原出版社ホームページならびに、英語版・ドイツ語版の裏表紙に掲載）からも裏付けられる。

しかし、多くの読者からは「今なぜ憲法パトリオティズムなのか」と疑問に思うかもしれない。そして「そもそも憲法パトリオティズムとは何か」という問題もその背後には横たわっている。憲法パトリオティズムの歴史はその誤解の歴史とも言え、先に引用した推薦文でハーバーマスは、「とりわけミュラーはその優れた解釈を提示することで、多くの誤解を解いた」と続けている。誤解は何も日本に限ったことではない。

誤解がどのようなもので、本書がその誤解をどのように解いているのかについては、何よりも本書を読んで頂きたい（ただ、ミュラー自身がドイツ語改訂版の結語でその点を簡潔にまとめているので、のちほどその概要を示しつつ簡単に触れる）。本書の目的の一つは憲法パトリオティズムにまつわる誤解の解消にある。

ただし、誤解の解消は本書の目的の一つであってもその唯一の目的ではない。むしろ、誤解の解消の先にもう一つの目的が控えている。その目的とは、「憲法パトリオティズムを社会統合の魅力のある構想として擁護する」というものである。この点を理解にするには、「今なぜ憲法パトリオティズムなのか」という最初の問いに戻る必要がある。この点を理解せずして、憲法パトリオティズムを社会統合の構想として擁護することが持つ意味はそもそも十分に理解できない。なぜならば、本書の背景にある英米圏の政治理論の文脈を抜きにしては、「社会統合」の構想として憲法パトリオティズムを擁護することの意図を把握できないからである。

憲法パトリオティズムは、戦後ドイツにおいて展開された構想であるが、二〇〇〇年代以降、社会統合の一つのあり方を示すものとして、政治理論の分野、特に英米圏の文脈で注目されるようになった(日本においても英米圏でのこうした議論を受け、いくつかの研究が示されている)[2]。本書は、先に述べた憲法パトリオティズムにまつわる誤解の解消と同時に、二〇〇〇年代の政治理論における憲法パトリオティズムを巡る論争の一つの到達点を示すものでもある。

以下では、日本の読者には馴染みがなく、部分的には前提とされている本書の背景と意図、そして逆の方向として本書から示唆される日本への展開可能性、それぞれを簡単に示すことで、監訳者あとがきとしたい。

1 注目されるようになった背景

憲法パトリオティズムの構想が、政治理論において二〇〇〇年代以降注目されるようになったのは社会統合という問題が政治理論において新たに(もしくは改めて)注目されるようになったからに他ならない。そこで関心が払われているのは、分断社会と呼ばれる状況で、社会において市民が相互に信頼し、互いを支え合っていこうとする連帯意識が喪失していく状況への危惧がある。

こうした問題が「新しい」のは、従来、政治理論は「社会統合の破綻ではなく、むしろその過剰こそが多くの思想家の問題関心を引いていた[3]」と考えられるからである。憲法パトリオティズムの提唱者たるハーバーマスもその例外ではなく、彼の有名な「システムによる生活世界の植民地化」という診断は当時の福祉国家による市民のクライアント化への批判であり、国家による市民社会への介入を問題視するものであった。

しかし、一九八〇年代以降、福祉（社会）国家が後退するなか、こうした状況は変化していく。福祉（社会）政策を過剰なものとして批判するよりも、その縮小こそが問題とされるようになる。そして、こうした福祉国家の後退が招いた分断社会をどのように統合していくのかが新たな課題として認識されるようになったのである。特に重要となるのは、こうした分断社会を克服するための連帯の「資源」は何かという問いである。

これに加えて、一九九〇年代以降の冷戦崩壊とグローバル化の進展は、これまで自明視されてきた国家という「政治単位」を捉え直す契機となった。政治理論においても、国家から議論を始めること、言い換えるならば国民国家を所与の政治単位とすることは許されなくなったのである。その際に、コスモポリタニズムとナショナリズムとの間の選択肢として憲法パトリオティズムが注目されることとなった。

連帯の資源が問われ、その上従来そうした連帯の単位として自明に想定されてきた「国民」という単位さえ疑問に付されるなか、一つの選択肢として浮上したのが、「民族としてのネーション」に訴える手法であった。そこにおいて、連帯の単位はネーションであり、その資源はそうしたネーションへのアイデンティティとされる。ネーションへの同一化が事実として想定されると同時に、規範的にも要請されるのである。

民族ナショナリズムと呼ばれるこうした試みは、シュミット的な「政治的なるもの」への回帰と言え、そうである以上シュミットの構想に提起されてきた批判、すなわち民族の同質性に依拠することがもたらす抑圧と排除の問題が同様に提起されることとなる。「民族としてのネーション」があくまで想像上のもので、必ずしも一枚岩なものとして想定できないにもかかわらず、理想化されたそれへの統合が強制され、異質なものは排除されうることが、民族ナショナリズムにおいても問題となる。

こうした批判を踏まえるなら、模索されるべきは、単なる統合ではなく「差異に敏感な統合」となる。そこで提起されたのが、リベラル・ナショナリズムと憲法パトリオティズムという二つの構想である。本書で行われる議論の多くが民族ナショナリズムやリベラル・ナショナリズムとの差異化に充てられているのもこうした文脈による。こうした文脈こそが「今なぜ憲法パトリオティズムなのか」という第一次的答えと言える。

2　ハーバーマスの憲法パトリオティズムから一般理論へ――リベラル・ナショナリズムとの対比

しかし、なぜ連帯の資源と単位の問題が憲法パトリオティズムの構想へと向かわせるのだろうか。この点を明らかにしない限り、「今なぜ憲法パトリオティズムなのか」という問いに十分に答えたことにならない。そこにおいて重要となるのが、リベラル・ナショナリズムと呼ばれる構想との関係である。なぜならば、憲法パトリオティズムの構想への注目は、本書でも度々触れられるリベラル・ナショナリズムの抱える問題に端を発しているからである。

連帯の単位と資源という問題に対して、一九九〇年代以降主として提唱されたのはリベラル・ナショナリズムによる応答であった(4)。しかし、その応答には共通して一つの問題が指摘されることとなる。その問題とは、本書も指摘するように、リベラル・ナショナリズムは「中核的な民族的アイデンティティに言葉を濁しながら頼る傾向」があり、そうして形成されたナショナリズムは自己犠牲の要請という仕方で抑圧を生み出す「道徳的危険」をはらんでいるという点である。結局のところ、リベラル・ナショナリズムも民族ナショナリズム同様、前‐政治的所与としてのネーションに依拠しており、両者はそもそも区別することができないのだという問題が提起されるのである。

問題とされているのは、リベラル・ナショナリズムにおける「リベラル」な要素が「ナショナリズム」に押しつぶされてしまうという点である。このことは、リベラル・ナショナリズムがリベラルな原理ではなく、多数派によって形成された文化（D・ミラーならば「公共的文化」、もしくは本書で言えば「国民文化」）に第一には依拠していることから生じる。本書が述べるように、リベラル・ナショナリズムにおける両者の結びつきは偶然的なものに過ぎない（イギリスのような幸運な事例においてうまくいっているに過ぎない）。

こうした多数派文化への癒着という問題が認識されることで、新たに憲法パトリオティズムが着目されたと言える。それは、憲法パトリオティズムがリベラル・ナショナリズムのように、特定の民族に依拠するのではなく、人権などの普遍的原理（本書の言葉で述べれば、統治構造と権利章典からなる「憲法の必須事項」）へのコミットメントを第一のものとするからに他ならない。あくまで普遍的原理を特殊な文化的要素に優位させるハーバーマスの姿勢が評価され、こうした普遍的原理へのコミットメントを基軸とした社会統合の構想一般として憲法パトリオティズムは注目されることとなったのである。

加えて、ハーバーマスが、通常、ネーションのような特殊性に基づく「文化」と区別して「政治文化」（本書の表現では「憲法文化」）という次元に着目したことも、憲法パトリオティズムが新たな社会統合の構想として注目された理由である。そこにおいて政治文化は、普遍的原理を各政治社会で解釈していくことで形成され、あくまで普遍性に基づいている、解釈された普遍的原理が政治文化として定着していくことが目指される。そのことで社会における連帯の資源としての政治文化を育むことが模索されるのである(5)。

こうした憲法パトリオティズムへの注目は、上記二つの特徴をもった社会統合の構想として憲法パトリオティズムを理解することを導く。言い換えれば、憲法パトリオティズムは、日本において一般にイメージされるような戦後ドイツの特殊な文脈で提示された構想でも、その提唱者ハーバーマスによる政治理論の一部のどちらでもない。むしろ、普遍性に根ざした政治文化という次元に着目する社会統合の構想として憲法パトリオティズムは理解され、それはリベラル・ナショナリズムなどの他の対抗理論と同じカテゴリーにある一般理論として構想される。

こうしたリベラル・ナショナリズムとの対比関係こそが「なぜ今憲法パトリオティズムなのか」という問いへの回答と言える。そこには普遍性へのコミットメントを基軸とした社会統合という構想が求められるという一つの判断がある（当然のことながら、リベラル・ナショナリズムはまた別の判断がある）[6]。

3　憲法パトリオティズムが目指すもの

以上「今なぜ憲法パトリオティズムなのか」という問いに対する一応の回答を政治理論の文脈から示した。続いて、問題となるのは、「そもそも憲法パトリオティズムとは何か」という問いであろう。とはいえ、この点については先に述べたように、皆さんに実際に本書を読んで確認して頂きたい。ただミュラーもドイツ語改訂版の結語において、憲法パトリオティズムが間違って理解される典型的な仕方を七つにまとめている（ドイツ語改訂版 S.151-153）。よって以下では、ミュラーがそこで挙げている七つの要素を簡単に紹介し、本書を理解する上での簡単なガイドラインを示すことを試みたい。

最初に、ミュラーが挙げる七つの誤解を箇条書きで示せば以下のようになる。

①憲法パトリオティズムは、過度に抽象的で、普遍主義的である。
②憲法パトリオティズムは、特定の歴史的文脈に依拠しているという点で、過度に特殊主義で、外面だけの普遍主義である。
③憲法パトリオティズムは、個々の共同体の文化への依拠という点で、過度に特殊主義で、外面だけの普遍主義である。

④憲法パトリオティズムは、ある特定の論争的な政治理論、もしくは社会理論に依拠している。
⑤憲法パトリオティズムは、個々の文章、条項に着目するものである。
⑥憲法パトリオティズムは、すべての問題を法的問題にしようとしている。
⑦憲法パトリオティズムは、国家を第一に考える非リベラルなものである。

これら七つがいかなる意味で誤解であるのかを以下簡単に紹介する。

①憲法パトリオティズムは、過度に抽象的で、普遍主義に行き過ぎていると批判される。しかし実際には、憲法パトリオティズムは、民主主義、法治国家、人権といった普遍的原理を各々の共同体内に特殊化させ、定着させことを要請する。それゆえ、ここから多様な憲法文化が生じるのであり、憲法パトリオティズムもそれが適用される各々の文脈に応じて異なった構想となる。
②憲法パトリオティズムは、過度に特殊主義で、外面だけの普遍主義であると批判される。なぜならば、憲法パトリオティズムの理念が、戦後ドイツという重く圧し掛かる過去をもった分断国家という特殊な歴史的文脈において生まれたからである。しかし、こうした事実が憲法パトリオティズムという構想それ自体をその起源に拘束し続けるわけではない。各々の国家は、この構想を生産的な仕方で我がものとすることができる。
③憲法パトリオティズムは、集合的でナショナルな経験や文化に依拠している点で、同じく特殊主義で、

外面だけの普遍主義であると批判される。しかし、各々の文化に特殊な要素それ自体が、憲法パトリオティズムという普遍的プロジェクトを汚染することはない。憲法パトリオティズムは、ある特定の民主主義国の特色の内に普遍主義を見出すのでなければならない。

④憲法パトリオティズムは、ある特定の論争的な政治理論、もしくは社会理論へ依拠しているとして批判される。確かに、純粋に実証主義的でない憲法パトリオティズムは、民主主義、法治国家、人権といった普遍的原理をもっともらしいものにする規範的背景を必要としている。しかし、すべての規範的内容をもった憲法パトリオティズムが、ハーバーマスの理論構造の内になければならないわけではない。

⑤憲法パトリオティズムは、個々の文章、条項のみに着目するものとして批判される。しかし、憲法パトリオティズムにおいて、憲法は、プロジェクトであり、単なるプロダクトではない。それゆえ、憲法パトリオティズムとは、任意の「条項への誇り」の一形態ではない。

⑥憲法パトリオティズムは、すべての問題を法的問題にしようとしていると批判される。しかし、憲法パトリオティズムは、日々の政治的取り組みのなかで、市民の交流や自己批判への用意として現れる。それゆえ、憲法の根本問題についての紛争を先鋭化させ、法的に解決しようとする試みのなかに必ず存在するものではない。最高裁判所〔ドイツの場合、連邦憲法裁判所〕へ至る道が、自動的に憲法パトリオティズムに関わるわけではないし、憲法学の討議が必然的に憲法パトリオティズムの表明となるわけでもない。憲法パトリオティズムは、「裁判国家」へと至らなければならないわけではない。

⑦憲法パトリオティズムは、国家を第一に考える非リベラルな特徴をもつと批判される。注意すべきは、憲法パトリオティズムが二つの顔をもつという点である。憲法パトリオティズムは政治的メンタリティを安定化させると同時に、そこから現にある制度やメンタリティに異議を唱えることを可能にするパースペクティブを開示する。市民的不服従は、場合によっては憲法パトリオティズムの真正な表現となりうる。

以上が、本書が解こうとした誤解とそれに対する答えの概要である。ミュラーの示した応答がどの程度の説得力を持っているのかは、本書でのより詳細な議論を踏まえた上で読者に判断して頂きたい。ただ一つ言えるのは、ここで示された七つは典型的な誤解であり、それらに対して本書は普遍主義と文脈主義のどちらも捨てずに応答しようとしているという点である。

4 日本における憲法パトリオティズムをめぐる誤解とその展開可能性

憲法パトリオティズムの議論については、政治思想や政治哲学分野だけでなく、日本の憲法学においても紹介されてきた。(7) とりわけ日本の憲法学では、憲法パトリオティズムという(場合によっては魅力的な)語感から、誤解が生じている可能性もあり、ここでは今一度、それらを確認しておきたい。

誤解の一つは、憲法パトリオティズムの構想がドイツ特有の問題と捉えられていることである。これは、東西ドイツに分断されていたドイツ「特有の」歴史、そして現在のドイツの憲法である基本法が闘う民主主義を採用するなど、「特有の」憲法であることにも起因していると考えられる。しかし、憲法パトリオティズムは、普遍性的原理に根差し、各々の文脈で憲法文化を生成していく社会統合の構想として理解されるものであり、ドイツに「特有の」ものではないのである。

しかしながら、憲法パトリオティズムはドイツ発祥ではある。日本では、その提唱者であるハーバーマスを代表として、考案者のドルフ・シュテルンベルガーも紹介されることも多い。本書では、憲法パトリオティズムの根源的なルーツがカール・ヤスパースにあるという新たな指摘もなされている点が注目される。

もう一つは、憲法パトリオティズムが、憲法典への愛着であるという誤解である。つまり憲法パトリオティズムは、現憲法を愛し、現憲法の改正を一切否定するといった思想ではない。周知の通り、日本においては、日本国憲法九条への愛着が強く語られるところであるが、憲法パトリオティズムはこの種の特定の条文への愛着を意味するものではない。本書でも述べられているように、自由、平等などの憲法に含まれる普遍的原理（いわゆる憲法の必須事項）への愛着である。そのような観点からの批判理論であり、たとえば憲法典上規定されている諸制度などについても当然に批判の対象となりうる。

したがって、憲法パトリオティズムの議論から、たとえば九条の改正問題に対して何らかの解答が直接的に導き出されるわけではない。もっとも、憲法パトリオティズムが、普遍的原理への愛着であることからすると、復古的な憲法改正に対する批判軸となる可能性があるのは確かであろう。

さて、日本において、憲法パトリオティズムは展開可能であろうか。この点、すでに樋口陽一が、批判理論としての憲法パトリオティズムの成立可能性について言及している[8]。また井上典之は「『国家と憲法』の関係を考え直す素材として、日本国憲法の正当性を他国からの『押しつけ』として批判し続けて『美しい国』とのスローガンに頼ることで統一体としての、『愛国心』に富む統合された国民による国民国家の再生・強化を求めるよりも、グローバル化に直面する現在におけるその存在基盤の脆弱性を前提に、政治的共同体としての国家を憲法によって補完しようとする議論としての憲法パトリオティズムに求めることは、一つの選択肢と考えることは可能といえるのではないだろうか[9]」と指摘し、より具体的な展開可能性を肯定している。

ＮＨＫ放送文化研究所の「日本人と憲法　２０１７」調査[10]では、「平和主義をかかげた今の憲法を誇りに思う」という質問項目で、四三・七パーセントが「そう思う」と回答し、「どちらかといえば、そう思う」を合わせると、八〇％を超えている。この調査が示すように、日本の場合、平和主義とのセットで憲法への愛着が語られる。このような愛着は、本書ではあくまで憲法文化の文脈として捉えられるにとどまるであろうが、今後、日本における憲法パトリオティズムの展開可能性として検討されてもよいであろう。

最後に、憲法パトリオティズムは、日本国憲法にも含まれている普遍主義的原理の観点から、現行の様々な制度を批判的に見るパースペクティブとも捉えられ、憲法リテラシーともつながりうる。現在の日本国憲法をめぐる政治状況においても、このような視点が重要であることは言うまでもない。

＊

翻訳の担当分担は以下の通りである。

序章――斎藤
第一章――斎藤・安原
第二章――小池・田畑
第三章――菅沼・根田
後記――斎藤
謝辞――根田

翻訳にあたっては読みやすさを重視し、長文は適宜分割するなど調整をした。原文中、イタリックの箇所には傍点を付した。引用文で既訳のあるものについては、可能な限り参照しているが、本文との統一性の関係で、適宜変更している。訳文の調整のため、何度か会合を持ちながらチェックを行い、最終的には監訳者の責任で訳文を確認した。

翻訳の校正段階で、早稲田大学の院生諸氏にもご協力頂いた。記して感謝申し上げる。

本翻訳の企画については、斎藤が日本学術振興会・優秀若手研究者海外派遣事業により、二〇一〇―

二〇一一年にゲーテ大学フランクフルト・アム・マインの客員研究員として滞在した際に、ミュラー氏とコンタクトを取ったことがきっかけとなっている。その後、二〇一四―二〇一五年に同大学客員研究員であった田畑と協力して進めることになった。同大学では、ドイツ版COEであるエクセレンックラスター「規範秩序の形成」(11)を実施しており、同クラスターが主催する研究会や講演会に参加し、学んだことが、今回の翻訳につながっていることを考えると、同クラスターの代表の一人であるライナー・フォルスト氏にも感謝申し上げたい。

さらに二〇一七年七月、沖縄国際大学沖縄法政研究所において、「憲法パトリオティズムと沖縄」と題して、斎藤と田畑が講演を行った。その際、本書についても紹介し、議論した。招待頂いた同研究所所長の佐藤学氏、そして参加者にも感謝申し上げたい。

最後に、本書の刊行企画をお引き受けくださった法政大学出版局の勝康裕氏、そして勝氏の退職後に、編集を引き継ぎ、多くの的確なご指摘とご助言下さった前田晃一氏に、心より感謝申し上げたい。

二〇一七年七月

監訳者一同

注

（1） 以上の経歴は彼のＨＰ（https://www.princeton.edu/~jmueller/bio.html）による。

（2） 政治理論における研究としては、とりわけ以下のものが挙げられる。齋藤純一「デモクラシーと社会統合」『政治と複数性——民主的な公共性にむけて』（岩波書店、二〇〇八年）、田畑真一「普遍性に根ざした政治文化の生成——J・ハーバーマスにおける憲法パトリオティズム論の展開」『社会思想史研究』三八（二〇一四年）。牧野正義「ハーバーマスのアイデンティティ論——憲法パトリオティズム論を中心に」『西日本哲学年報』一六（二〇〇八年）。

（3） 齋藤・前掲論文三七—三八頁。

（4） 本書でも引用されていた以下の著作のことを念頭に置いている。David Miller, *On Nationality*, Oxford University Press, 1995（富沢克・長谷川一年・施光恒・竹島博之訳『ナショナリティについて』風行社、二〇〇七年）. Yael Tamir, *Liberal Nationalism*, Princeton University Press, 1993（押村高・高橋愛子・森分大輔・森達也訳『リベラルなナショナリズムとは』夏目書房、二〇〇六年）.

（5） 田畑・前掲論文を参照。

（6） リベラル・ナショナリズムからの議論としては、白川俊介『ナショナリズムの力——多文化共生世界の構想』（勁草書房、二〇一二年）を参照。

（7） 憲法学における研究としては、とりわけ以下のものが挙げられる。樋口陽一「戦後憲法の暫定性と普遍性・永続性」『転換期の憲法？』（敬文堂、一九九六年）、毛利透『民主政の規範理論』（勁草書房、二〇〇二年）、同「憲法の前提としての国家と憲法による国家統合」岡田信弘ほか編『憲法の基底と憲法論』（信山社、二〇一五年）、栗城壽夫「立憲主義の現代的理解」『憲法問題』四号（一九九三年）、高田篤「戦後ドイツの憲法観と日本におけるドイツ憲法研究」『講座・憲法学　別巻　戦後憲法・憲法学と内外の環境』（日本評論社、一九九五年）、石村修「今日の憲法国家における国家目的」『憲法国家の実現』（尚学社、二〇〇六年）、井上典之「立憲主義と憲法パトリオティズム」『公法研究』七〇号（二〇〇八年）、松村芳明「共和主義と憲法文化」『専修法学論集』一二三号（二〇一五年)。
(8) 樋口・前掲書三四頁。
(9) 井上・前掲論文九二頁。なお井上は実務的思考に重点を置いた憲法学の傾向からすると、憲法パトリオティズムが「具体的な憲法の条文テキストにとらわれないものであるだけに、具体的な憲法規範の裁判における具体的紛争解決での法規範性を弱める可能性があることには留意しておく必要がある」(前掲論文九三頁)とも指摘している。
(10) http://www.nhk.or.jp/bunken/research/yoron/pdf/20170509_1.pdf
(11) http://www.normativeorders.net/en/

訳　者

斎藤一久（さいとう・かずひさ）［監訳者］

1972年生まれ。東京学芸大学教育学部准教授。憲法学。主な著作に、「ドイツにおける多文化社会と憲法」（全国憲法研究会編『憲法問題23　人権の現代的課題』三省堂、2012年）、「基本権の間接的侵害理論の展開」（憲法理論研究会編『憲法理論研究叢書17　憲法学の最先端』敬文堂、2009年）、「ブランデンブルグ州の宗教代替教育（L-E-R）に関する和解」（ドイツ憲法判例研究会編『ドイツの憲法判例Ⅲ』信山社、2008年）など。

田畑真一（たばた・しんいち）［監訳者］

1982年生まれ。早稲田大学政治経済学術院助教。政治理論、政治思想。主な著作に、「代表関係の複数性――代表論における構築主義的転回の意義」（『年報政治学　2017–I』）、「普遍性に根ざした政治文化の生成―― J・ハーバーマスにおける憲法パトリオティズム論の展開」（『社会思想史研究』38号、2014年）、「社会統合のメディアとしての法――・ハーバーマスにおける法理解の転換」（『政治思想研究』11号、2011年）など。

小池洋平（こいけ・ようへい）［監訳者］

1984年生まれ。早稲田大学社会科学総合学術院助手。憲法学、比較憲法論。主な著作に、『平等権と社会的排除――人権と差別禁止法理の過去・現在・未来』（共著、成文堂、2017年）、「アンテ・ベラム期の奴隷擁護論における自由と労働の定位――George Fitzhughの奴隷制擁護論を素材として」（『早稲田社会科学総合研究』第17巻2号、2017年）、「合衆国憲法修正第13条の奴隷制の廃止が意味するもの――第38回連邦議会における審議を素材として」（『ソシオサイエンス』第21号、2015年）など。

安原陽平（やすはら・ようへい）

1979年生まれ。沖縄国際大学総合文化学部人間福祉学科講師。専門は、憲法学、教育法学。主な著作に、「市民・公務員・教育公務員――ドイツ基本法三三条五項「職業官吏制度の伝統的諸原則」に関する議論を参考に」（憲法理論研究会編『憲法理論叢書23　対話と憲法理論』、敬文堂、2015年）、「公立学校教員の勤務時間外における政治的活動の自由と憲法忠誠――ドイツにおける基本法33条5項の射程をめぐって」（『社学研論集』第14号、2009年）、「公立学校教員志願者の「適性」と基本権保障に関する比較憲法学的考察――ドイツにおける憲法忠誠と就業禁止実践を参考として」（『社学研論集』第13号、2009年）など。

根田恵多（こんだ・けいた）

1989年生まれ。東京学芸大学非常勤講師。憲法学。主な著作に、『平等権と社会的排除――人権と差別禁止法理の過去・現在・未来』（共著、成文堂、2017年）、「合衆国最高裁の政教分離判例における「強制テスト」の形成過程と現在」（『ソシオサイエンス』第23号、2017年）、「合衆国最高裁の政教分離判例におけるブラック判事の「分離の壁」論――表現の自由の「絶対主義」理論を手掛かりにして」（『ソシオサイエンス』第21号、2015年）など。

菅沼博子（すがぬま・ひろこ）

1989年生まれ。一橋大学大学院法学研究科博士課程。憲法学。主な著作に、「ドイツにおける信条冒瀆罪正当化の試みの憲法学的一考察――宗教をめぐる「情念」の保護のための巧知？（1）・（2・完）」（『一橋法学』15巻3号、2016年・『一橋法学』16巻1号、2017年）など。

著　者

ヤン＝ヴェルナー・ミュラー（Jan-Werner Müller）

1970年ドイツ生まれ。ベルリン自由大学、ユニバーシティ・カレッジ・ロンドン、オックスフォード大学セント・アントニーズ・カレッジ、プリンストン大学などで学び、オックスフォード大学で博士号を取得。2005年よりプリンストン大学政治学部で教鞭をとり、現在、プリンストン大学政治学部教授。邦訳書に、『カール・シュミットの「危険な精神」——戦後ヨーロッパ思想への遺産』（中道寿一訳、ミネルヴァ書房、2011年）、『ポピュリズムとは何か』（板橋拓己訳、岩波書店、2017年）、『試される民主主義——20世紀ヨーロッパの政治思想』（岩波書店、近刊）がある。

《叢書・ウニベルシタス　1067》

憲法パトリオティズム

2017年9月29日　初版第1刷発行

ヤン＝ヴェルナー・ミュラー

斎藤一久／田畑真一／小池洋平 監訳

安原陽平／根田恵多／菅沼博子 訳

発行所　一般財団法人　法政大学出版局

〒102-0071 東京都千代田区富士見2-17-1

電話03(5214)5540 振替00160-6-95814

組版：HUP　印刷：ディグテクノプリント　製本：積信堂

ISBN978-4-588-01067-5

索引

ア行

アーレント，ハンナ Arendt, Hannah……24, 29

アカウンタビリティ accountability……47

アガンベン，ジョルジョ Agamben, Giorgio……147

アデナウアー，コンラート Adenauer, Konrad……141

アメリカ合衆国 United States……5, 11, 89, 111, 133

アリストテレス Aristotle……29, 33, 36, 85

アルメニア人のジェノサイド Armenian genocide……137

アンダーソン，ベネディクト Anderson, Benedict……56

イギリス Britain……7, 12, 89, 127, 187

イグナティエフ，マイケル Ignatieff, Michael……52

イスラエル Israel……7

移民 immigration……121–23, 149

ヴァルザー，マルティン Walser, Martin……58

ヴァレリー，ポール Valéry, Paul……186

ヴェイユ，シモーヌ Weil, Simone……61

ウェーバー，マックス Weber, Max……24

ウォルツアー，マイケル Walzer, Michael……3

エマーソン，ラルフ・ワルド Emerson, Ralph Waldo……9

オークショット，マイケル Oakeshott, Michael……169

オーストリア Austria……152–58

カ行

ガスペリ，アルチーデ・デ Gasperi, Alcide de……141

カナダ Canada……12, 59, 164, 187

ガンス，チェイム Gans, Chaim……105, 108

カント主義 Kantianism……83

ギトリン，トッド Gitlin, Todd……10

共産主義 Communism……22, 32–33, 144, 146

共和主義 republicanism……2, 29, 111, 122

　フランスの共和主義 French……118

　否定的共和主義 negative……152, 158–59

キリスト教 Christianity……112

クストリッツァ，エミール Kusturica, Emir……141

クローニン，シアラン Cronin, Ciaran……42, 55

ケイティブ，ジョージ Kateb, George……1, 112

ゲーリー，フランク Gehry, Frank……194

憲法裁判所 courts, constitutional……76, 114

　ドイツの憲法裁判所 in Germany……26–28, 32

言論の自由 free speech……52, 122, 159
公共圏 public sphere……39–41, 45, 55, 86, 130
合理化 rationalization……39–40
ゴーシェ，マルセル Gauchet, Marcel……108
コール，ヘルムート Kohl, Helmut……142
コールバーグ，ローレンス Kohlberg, Lawrence……36
コスタコポロウ，ドーラ Kostakopoulou, Dora……117
コスモポリタニズム Cosmopolitanism……2, 12, 19, 92
国家社会主義／ナチズム national socialism……30, 35, 44, 146
　ナショナリティ and nationality……7, 163
　否定的共和主義 negative republicanism……158–59
国家主義 statism……46, 58, 71
　シュテルンベルガーの憲法パトリオティズム理論における国家主義 in Sternberger's theory of constitutional patriotism……30, 41
　「ナショナリズム」「国家主義と文化」も参照。
コミュニタリアニズム Communitarianism……38

サ行
シェイミング shaming……53, 154–57
ジェファーソン，トーマス Jefferson, Thomas……9
ジェラス，ノーマン Geras, Norman……147
自己決定 self-determination……64, 91
ジスカール・デスタン，ヴァレリー Giscard d'Estaing, Valéry……132
シティズンシップ／市民権 citizenship……10, 42, 52, 69–70, 110, 118–123
　戦後ドイツのシティズンシップ in post-war Germany……34, 52
　EU 市民権 in the EU……128
市民宗教 civil religion……66, 101, 108–10, 191
市民的不服従 civic disobedience……17, 65, 189
市民ナショナリズム civic nationalism……66, 95, 106, 188
シャー，ジョン・H. Schaar, John H.……9
シュヴァルツ，ハンス＝ペーター Schwarz, Hans-Peter……58
宗教 religion……36–38
　「市民宗教」も参照。
シューマン，ロベール Schuman, Robert……129, 141
主権 sovereignty……10, 170–73, 177–80
シュテルンベルガー，ドルフ Sternberger, Dolf……25, 29–36, 52
　ハーバーマスとの違い differences with Habermas……40–42, 46, 54
シュミット，カール Schmitt, Carl……22, 26, 106, 114, 184
　敵対 and enmity……170–72, 184
シュルツ，ハーゲン Schulze, Hagen……58
植民地主義 colonialism……123, 136, 143, 149
シラク，ジャック Chirac, Jacque……157
自律性 autonomy……47, 91
信頼 trust……27, 45, 65, 98–99, 107

スペイン Spain……59, 155
スメント，ルドルフ Smend, Rudolf……27–28
全体主義 totalitarianism……109
ソヴィエト連邦 Soviet Union……164

タ行

脱植民地化 decolonization……22, 143
多文化主義 multiculturalism……2, 52, 122, 176
タリー，ジェイムズ Tully, James……74
忠誠心 loyalty……62, 86–89, 100, 105, 192
　シュテルンベルガーの憲法パトリオティズム理論における in Sternberger's theory of constitutional patriotism……30, 34
帝国 empire……129, 149, 165
伝統 tradition……37–40, 85, 142, 188
トクヴィル，アレクシ・ド Tocqueville, Alexis de……132, 191
トルコ Turkey……123, 138
ドロール，ジャック Delors, Jacques……3, 128

ナ行

ナショナリズム nationalism……11, 46, 111, 113, 190
　国家主義と文化 statist and cultural……65, 89, 100–07
　民族 ethnic……95
　「市民的ナショナリズム」と「リベラルナショナリズム」も参照。
NATO……166
ニーゼン，ペーター Niesen, Peter……152, 159
ニーチェ，フリードリヒ Nietzsche, Friedrich……142
ヌスバウム，マーサ Nussbaum, Martha……2

ハ行

バーク，エドマンド Burke, Edmund……4, 192
ハーシュマン，アルバート Hirschman, Albert……77
ハーツ，ルイス Hartz, Louis……9, 110
ハーバーマス，ユルゲン Herbermas, Jürgen……9, 52, 55, 56, 84
　EU……184, 193
　近代 and modernity……36–41, 79, 112
　ドイツ統一 and German unification……59
　ナチスの過去 and the Nazi past……44–46, 49–50
　ヤスパ　スの影響 influence of Jaspers……22, 25
　歴史的学習過程 and historical learning processes……82, 136
　連帯 and solidarity……42, 85
バーリン，アイザイア Berlin, Isiah……125
ハイダー，イェルク Haider, Jörg……152–54, 157
パムク，オルハン Pamuk, Orhan……179
ハルシュタイン，ヴァルター Hallstein, Walter……129
反全体主義 antitotalitarianism……32
バンダ，ジュリアン Benda, Julien……161, 164, 192
ハンティントン，サミュエル Huntington, Samuel……103
ヒトラー，アドルフ Hitler, Adolf……143

ヒューム，デヴィッド Hume, David ……160
ファシズム fascism……27, 45, 159
フィンケルクロート，アラン Finkielkraut, Alain……142
プーフェンドルフ，サミュエル Pufendorf, Samuel……129
フェスト，ヨアヒム Fest, Joachim……8
フェリ，ジャン＝マルク Ferry, Jean-Marc……110, 141
フェルドンク，リタ Verdonk, Rita ……122
福祉国家 welfare state →「連帯」を参照。
ブライス，ジェームズ Bryce, James ……147
フランス France……118, 137, 150, 174
ブルデュー，ピエール Bourdieu, Pierre ……162
ブルーベイカー，ロジャース Brubaker, Rogers……120
フレッチャー，ジョージ Fletcher, George……87
プロティノス Plotinus……162
ペイン，トマス Paine, Thomas……182
ヘーゲル主義 Hegelianism……185
ベル，ハインリッヒ Böll, Heinrich ……30
ホイットマン，ジェームズ・Q Whitman, James Q……157
ポーコック，ジョン Pocock, John…111
補完性原理 subsidiarity……153
誇り pride……34–35, 51, 84, 112
　社会統合 and social integration……27
　歴史 and history……13
ボスニア Bosnia……6, 140
ホッブズ主義 Hobbesianism……170
ホロコースト Holocaust……14, 35, 123
　否定 denial of……52
　ヨーロッパの記憶 European memory of……143–51, 153

マ行

マイケルマン，フランク Michelman, Frank……67, 72, 93, 95
マキャヴェッリ，ニッコロ Machiavelli, Niccoló……77
マッカーシズム McCarthyism…89, 191
マッキンタイア，アラスデア MacIntyre, Alasdair……1, 10
マルクス，カール Marx, Karl……21
マルガリート，アヴィシャイ Margalit, Avishai……139
マン，トーマス Mann, Thomas…9, 134
民族性 ethnicity……6, 22, 102
　シティズンシップの定義 and the definitions of citizenship……34, 52, 117–22
モネ，ジャン Monnet, Jean……129
モラン，エドガール Morin, Edgar·143
モンテスキュー，シャルル Montesquieu, Charles de Secondat, Baron de……48

ヤ行

ヤスパース，カール Jaspers, Karl……23, 25, 29, 45, 52, 136

ラ行

ラズ，ジョセフ Raz, Joseph……88
リベスキンド，ダニエル Libeskind, Daniel……194
リベラル・ナショナリズム liberal nationalism……43, 64–66, 188

憲法パトリオティズムに対する
批判 and criticisms of constitutional patriotism……13, 57, 84
市民宗教 and civil religion……113
同化主義政策 and assimilation policies……13, 120, 124
道徳心理学 moral psychology of……7, 19, 55–56, 96
仲間意識 and fellow-feeling……17, 56
福祉 and welfare……96–99, 105
文化 and culture……2, 12, 99, 117
民族性 and ethnicity……83
ルソー, ジャン＝ジャック Rousseau, Jean-Jacques……109
レヴィ, エリザベト Lévy, Élizabeth……149
レヴィ, ベルナール＝アンリ Lévy, Bernard-Henri……162
レーニン, ウラジーミル Lenin, Vladimir……78
レーベンシュタイン, カール Loewenstein, Karl……31
連帯 solidarity……19, 108, 156
過去の犠牲者との連帯 with victims in the past……25, 51, 148
連帯と福祉国家 and the welfare state……64, 85, 96–99
ロールズ, ジョン Rawls, John……72

ワ行

ワイマール共和国 Weimar Republic……25–27, 30
ワイラー, ジョゼフ Weiler, Joseph……101, 170, 177

原注

序論

(1)　András Sajó, Limiting *Government: An Introduction to Constitutionalism* (Budapest: CEU Press, 1999), 2 において引用されているハーマン・ファイナーの言葉。

(2)　George Kateb, "Is Patriotism a Mistake?", *Social Research* 67 (Winter 2000): 901–24.

(3)　Alasdair MacIntyre, *Is Patriotism a Virtue?* (Lawrence: University Press of Kansas, 1984), 15.

(4)　Martha Nussbaum et al., *For Love of Country: Debating the Limits of Patriotism*, ed. Joshua Cohen (Boston: Beacon Press, 1996). これはマーティン・ルーサー・キング・ジュニアの「真の価値観の変革とは最終的な分析において、我々の忠誠心は部分的であるよりむしろ全体的でなければならないことを意味する。全ての国家は今や、各々の社会における最良のものを保存するために、人類全体に対して優先的な忠誠心を発達させねばならない」という言葉を反映したものである。

(5)　Justine Lacroix, "For a European Constitutional Patriotism," *Political Studies*, 50 (2002): 944–58.

(6)　Michael Walzer, *Spheres of Justice: A Defence of Pluralism and Equality* (Oxford: Blackwell, 1994)〔山口晃訳『正義の領分——多元性と平等の擁護』而立書房、1999 年〕.

(7)　Lacriox, "For a European Constitutional Patriotism."

(8)　"Reis ul-ulema Mustafa Ceric, Oberhaupt der bosnischen Muslime, über den Islam, Europa und Bosnien-Hercegovina," *Frankfurter Allgemeine Zeitung*, January 4, 2006.

(9)　またジェレミー・A・ラブキンが言及するように「ナショナルな自尊心はドイツでは議論の余地があり、ドイツとの連合をスムーズに運ぶためヨーロッパの他の国でも奨励されていないようである」(Rabkin, *Law Without Nations?: Why Constitutional Government Requires Sovereign States* [Ptinceton: Princeton University Press, 2005], 250）.

(10)　例として Anatol Lieven, *America Right or Wrong: An Anatomy of American Nationalism* (London: HarperCollins, 2004), とりわけ 48–87 を参照。

(11)　Seyla Benhabib, *The Rights of Others* (Cambridge: Cambridge University Press,

2004)〔向山恭一訳『他者の権利――外国人・居留民・市民』〈新装版〉法政大学出版局、2014 年〕も参照。

(12) Todd Gitlin, *The Intellectuals and the Flag* (New York: Columbia University Press, 2006), 131.

(13) Patchen Markell, "Making Affect Safe for Democracy? On 'Constitutional Patriotism,'" *Political Theory* 28 (2000): 38–53.

(14) 規範的依存という考え方については、Rainer Forst, *Toleranz im Kouflikt: Geschichte, Gehalt und Gegenwart eines umstrittenen Begriffs* (Frankfurt/Main: Suhrkamp, 2003), 48–52 を参照。

(15) Markell, "Making Affect Safe for Democracy?"

(16) David Miller, *On Nationality* (Oxford: Oxford University Press, 1995)〔富沢克ほか訳『ナショナリティについて』風行社、2007 年〕.

(17) Andrew Oldenquist, "Loyalties," *Journal of Philosophy* 79 (1982): 173–93.

第 1 章

(1) Carl Schmitt, *Der Hüter der Verfassung* (Tübingen: Mohr, 1931)〔田中浩ほか訳『大統領の独裁〔付〕憲法の番人(1929 年版)』筑摩書房、2015 年〕.

(2) 以下の記述については、Jan-Werner Müller, *Another Country: German Intellectuals, Unification and National Identity* (London and New Haven: Yale University Press, 2000) でかなり詳細に言及している。

(3) Karl Jaspers, *Die Schuldfrage: Ein Beitarg zur deutschen Frage* (Zurich Artemis, 1946), 10–14〔橋本文夫訳『われわれの戦争責任について』筑摩書房、2015 年〕.

(4) Anson Rabinbach, "The German as Pariah: Kahl Jaspers' The Question of German Guilt," In the Shadow of Catastrophe: German Intellectuals between Enlightenment and Apocalypse (Barkeley: University of California Press, 1997), 129–65; この点は 138.

(5) *Hannah Arendt-Karl Jaspers-Briefwechsel 1926–1969*, ed. Lotte Koehler and Hans Saner (Munich: Piper, 1985), 82 and 93〔大島かおり訳『アーレント＝ヤスパース往復書簡 1～3』みすず書房、2004 年〕.

(6) Jaspers, *Die Schuldfrage*, 17.

(7) Kurt Salamun, *Karl Jaspers* (Munich: C. H. Beck, 1985), 105.

(8) 特に Rudolf Smend, "Verfassung und Verfassungsrecht [1928]," in S*taatsrechtliche Abhandlungen und andere Aufsätze* (Berlin: Duncker and Humblot, 1994), 119–276, また "Integrationslehre,“ in ibid, 475–81 も参照。

(9) Dieter Grimm, "Das Grundgesetz nach 50 Jahren," *Die Verfassung und die Politik: Einsprüche in Störfällen* (Munich C. H. Beck, 2001), 295–324; ここでは 296–98 から引用。

(10) Dolf Sternberger, "Verfassungspatriotismus," *Frankfurter Allgemeine Zeitung*, May 23, 1979.

(11) Claudia Kinkela, *Die Rehabilitierung des Bürgerlichen im Werk Dolf Sternbergers* (Würzburg Königshausen & Neumann, 2001), 285–96 も参照。

(12) Dolf Sternberger, *Staatsfreundschaft* [*Schriften IV*] (Frankfurt/Main: Suhrkamp, 1980). また Hans Lietzmann, " 'Verfassungspatriotismus' und 'Civil Society': Eine Grundlage für Politik in Deutschland?" in Rüdiger Voigt, ed., *Abschied vom Staat—Rückkehr zum Staat?* (Baden-Baden: Nomos, 1993), 205–27; ここでは 207–10 から引用。

(13) András Sajó, ed., *Militant Democracy* (Utrecht: Eleven International, 2004) も参照。

(14) Dolf Sternberger, "Böll, der Staat und die Gnade," *Frankfurter Allgemeine Zeitung*, February 2, 1972.

(15) Karl Loewenstein, "Militant Democracy and Fundamental Rights I," *American Political Science Review* 31 (1937): 417–32.

(16) Ibid., 424.

(17) Karl Loewenstein, "Militant Democracy and Fundamental Rights II," *American Political Science Review* 31 (1937): 638–58. ここでは 647 から引用。

(18) Ibid., 656–57.

(19) Ulrich K. Preuss, "Political Order and Democracy: Carl Schmitt and His Influence," in Chantal Mouffe, *The Challenge of Carl Schmitt* (London: Verso, 1999), 155–79〔古賀敬太ほか編訳『カールシュミットの挑戦』風行社、2006 年〕.

(20) Peter Niesen, "Anti-Extremism, Negative Republicanism, Civic Society: Three Paradigms for Banning Political Parties," in Shlomo Avineri and Zeev Sternhell, eds., *Europe's Century of Discontent: The Legacies of Fascism, Nazism and Communism* (Jerusalem: Magnes Press, 2003), 249–68.

(21) この「配慮」という表現はシュテルンベルガーが指摘していた特徴的な結びつきを表すのに一番適当だと思われる。Harry G. Frankfurt, "On caring," in idem., *Necessity, Volition, and Love* (Cambridge: Cambridge University Press, 1999), 155–80 を参照。

(22) この帰属意識と達成の違いに関しては Avishai Margalit, "The Moral Psychology of Nationalism" in Robert McKim and Jeff McMahan, eds., *The*

Morality of Nationalism (New York: Oxford University Press, 1997), 74–87 も参照。

（23） Attracta Ingram, “Constitutional Patriotism,” *Philosophy and Social Criticism* 22, no. 6 (1996): 1–18 も参照。ここでは 15 から引用。

（24） ハーバーマスの構想が示しているように、どんなパトリオティズムも究極的には特に民族的であるということを言いたいのではない。その違いは特殊性の種類にあり、憲法パトリオティズムの構想に内包される普遍性の度合いにあるのではない。

（25） 歴史家論争については、Charles S. Maier, *The Unmasterable Past: History, Holocaust, and German Naional Identity* (Cambridge, Mass.: Harvard University Press, 1988) 及び Richard J. Evans, *In Hitler's Shadow: West German Historians and the Attempt to Escape from the Nazi Past* (London: I. B. Tauris, 1989) を参照。

（26） このような「コールバーグ的勝利」（Kohlbergian triumphs）に対する鋭敏な批評については、Kwame Anthony Appiah, *The Ethics of Identity* (Princeton: Princeton University Press, 2005), 220 を参照。

（27） 以下については、とりわけ Jürgen Habermas, “Können komplexe Gesellschaften eine vernünftige Identität ausbilden?” in idem, *Zur Rekonstruktion des Historischen Materialismus* (Frankfurt/Main: Suhrkamp, 1976), 92–126〔「複合的な社会は理性的同一性を形成しうるか」、清水多吉監訳『史的唯物論の再構成』法政大学出版局、2000 年〕を参照。

（28） Charles Larmore, *The Morals of Modernity* (Cambridge: Cambridge University Press, 1996) も参照。

（29） Ciaran Cronin, “Democracy and Collective Identity: In Defence of Constitutional Patriotism,” *European Journal of Philosophy* 11, no.1 (2003): 1–28. ここでは 9 から引用。

（30） Pablo de Greiff, “Habermas on Nationalism and Cosmopolitanism,” *Ratio Juris* 15 (2002): 418–38. ここでは 431 から引用。

（31） Jürgen Habermas, “Grenzen des Neohistorismus,” in idem., *Die Nachholende Revolution* (Frankfurt/Main: Suhrkamp, 1990), 149–56〔「新歴史主義の限界について」、三島憲一ほか訳『遅ればせの革命』岩波書店、1992 年〕. ここでは 152 から引用。

（32） Ibid.

（33） Habermas, *Die nachholende Revolution,* 150.

（34） Melissa Williams, *Voice, Trust, and Memory: Marginalized Groups and the Failings of Liberal Representation* (Princeton: Princeton University Press, 1998), 177–78 も参照。

（35） Jürgen Habermas, “Historical Consciousness and Post-Traditional Identity:

The Federal Republic's Orientation to the West," in idem, *The New Conservatism: Cultural Criticism and the Historian's Debate*, ed. And trans. Shierry Weber Nicholsen (Cambridge, Mass.: MIT Press, 1989), 249–67〔「歴史意識とポスト・伝統的アイデンティティ――ドイツ連邦共和国の西欧志向」、河上倫逸編訳『法と正義のディスクルス――ハーバーマス京都講演集』未來社、1999 年〕.

(36) このような「強い社会調和」に対する卓越した反論は Jonathan Allen, "Balancing Justice and Social Unity: Political Theory and the Idea of a Truth and Reconciliation Commission," *University of Toronto Law Journal* 49 (1999): 315–53 を参照。

(37) Habermas, "Historical Consciousness and Post-Traditional Identity."

(38) ジョージ・フレッチャーはハリー・フランクファートによる一次意志作用と二次意志作用（first- and second-order volitions）の識別に基づいて、問題のある一次意志作用の是正に失敗することに対する文化の影響の重要性について説得力のある主張を提示している。しかし、私にはこの影響がどのように「集合的罪責」を構築するのかは不明瞭であるように思える。私の考えによれば、犯罪を助長したかもしれないような文化構造の維持への非犯罪者の参加は、批判的に反省し改める責任を決定的に確立するものであろう。このことについてはこの章の前半で既に明確にした通りである。George P. Fletcher, *Romantics at War: Glory and Guilt in the Age of Terrorism* (Princeton: Princeton University Press, 2002) を参照。

(39) Habermas, *New Conservatism*, 233.

(40) Roger Scruton, "In Defence of the Nation," in J.C.D. Clark, ed., *Ideas and Politics in Modern Britain* (London: Macmillan, 1990), 53–86. ここでは 75 から引用。

(41) Cronin, "Democracy and Collective Identity," 14 及び Markell, "On 'Constitutional Patriotism.'"

(42) 曖昧さは憲法パトリオティズムに対する多くの知識人の態度として顕著なものとなっていった。実際、憲法パトリオティズムに関する西ドイツにおける議論においては、根本的な緊張がありつづけていた。他方で、憲法パトリオティズムは道徳的普遍性と一致すると理解されていた。そのため、既存の政治慣習のための批判的な規範として利用された。しかし、憲法パトリオティズムは第一には事実上の集合的アイデンティティのモデルであるという意見もあった。このような集合的アイデンティティは、ある種の「調和」そして「同種性」でさえも

必然的に強要するものであろう。もっともこの「同種性」は確かに妥協も可能であるし、リベラルな類のものである可能性もある。多くの事例において、ハーバーマスの賛同者たちや他の左派の一員は両方を保持しようとしていた。言い換えれば、彼らは「アイデンティティ」の概念化に伴って必然的に現れる排除の可能性はなくしたうえでの「反国家主義的な国家のアイデンティティ」としての憲法パトリオティズムを望んでいた。手短に言えば、多くの議論においては、憲法パトリオティズムの正確な本質と目的は曖昧なままであった。

(43) 記憶は配慮にとって重要であるが、この関係は反対方向にはもちろん作用しない。Avishai Margalit, *The Ethics of Memory* (Cambridge, Mass.; Harvard University Press, 2002) を参照。

(44) この句の表現はセシル・ラボルドに負っている。

(45) クリスチャン・ヨプケが表現したように、「加害国であるドイツと、被害国であるイスラエルの両国が第二次世界大戦後最も顕著な特定民族優遇移住政策を採ったことは皮肉な事実である」(Joppke, *Immigration and the Nation-State: The United States, Germany, and Great Britain* [New York: Oxford University Press 1999], 261).

(46) Lawrence Douglas, *The Memory of Judgement: Making Law and History in the Trials of the Holocaust* (New Haven: Yale Univesity Press, 2001) 及び Eric Stein, "History against Free Speech: The New German Law against the 'Auschwitz' — and Other—'Lies,'" *Michigan Law Review* 85 (1986): 277–324 を参照。

(47) Michael Ignatieff, *The Warrior's Honour: Ethnic War and the Modern Conscience* (London: Chatto and Windus, 1998), 174〔真野明裕訳『仁義なき戦場——民族紛争と現代人の倫理』毎日新聞社、1999 年〕.

(48) Amy Gutman and Dennis Thompson, *Democracy and Disagreement* (Cambridge, Mass.: Harvard University Press, 1996) も参照。

(49) Martti Koskenniemi, "International Law in Europe: Between Renewal and Tradition," *European Journal of International Law* 16 (2005): 113–24. ここでは 115 から引用。

(50) 例として Helmut Schelsky, "Über das Staatsbewußtsein,“ *Die politische Meinung*, 185 (1979): 30–35 及び Josef Isensee, "Die Verfassung als Vaterland: Zur Staatsverdrängung der Deutschen," in Armin Mohler, ed., *Wirklichkeit als Tabu?* (Munich: R. Oldenbourg, 1986), 11–35 を参照。

(51) Martin Walser, "Über Deutschland reden: Ein Bericht," in idem, *Deutsche Sorgen* (Frankfurt/Main: Suhrkamp, 1997), 406–27.

第 2 章

（1） 市民的不服従の具体的な基準については詳しくは述べないつもりであるが、それに関しては、私が大部分同意するものとして John Rawls, *A Theory of Justice* (Oxford: Oxford University Press 1973), 363–91〔川本隆史ほか訳『正義論　改訂版』紀伊國屋書店、2010 年〕を読者に示したい。

（2） Frank I. Michelman, “Morality, Identity and ‘Constitutional Patriotism,’” *Ration Juris* 14 (2001): 253–71.

（3） この論点の議論に関してはアラン・パッテンに負うところが大きい。

（4） Michelman, “Morality,” 261.

（5） James Tully, “The Unfreedom of the Moderns in Comparison to Their Ideals of Constitutional Democracy“ *Modern Law Review* 65 (2002): 204–28.

（6） 例えば George P. Fletcher, “Constitutional Identity,” *Cardozo Law Review* 14 (1993): 737–46 が挙げられる。「憲法文化」について私見とは多少異なる概念として、Peter Häberle, *Verfassungslehre als Kulturwissenschaft* (Berlin: Duncker and Humblot, 1982) を参照。

（7） 例として Albert O. Hirschman, “Social Conflicts as Pillars of Democratic Market Society,” *Political Theory* 22 (1994): 203–18 を参照。

（8） Jürgen Habermas, “Struggles for Recognistion in the Democratic Constitutional State,“ in idem, *Multiculturalism*, ed. Amy Gutman (Princeton: Princeton University Press, 1994), 107–48〔「民主的立憲国家における承認への闘争」、佐々木毅ほか訳『マルチカルチュラリズム』岩波書店、1996 年〕. ここでは 135 から引用。

（9） ハーバーマスの言うように「学習の過程としての憲法史の解釈は、次の世代が創始者たちと同じ基準から始めるという重要な前提を含んでいる。［…］すべての参加者がこのプロジェクトを歴史のどの地点でも同じだと見なし、同じ視点から裁断せねばならない」。Jürgen Habermas. “Constitutional Democracy: A Paradoxical Union of Contradictory Principles?“ *Political Theory* 29, no. 6 (2001): 766–81 を参照。ここでは 775 から引用。

（10） Ciaran Cronin, “On the Possibility of a Democratic Constitutional Founding: Habermas and Michelman in Dialogue,” *Ratio Juris* 19 (2006): 343–69 を参照。

（11） リベラルナショナリズムにおける「民族的な中核」の残存を明らかにする議論に関しては Arash Abizadeh, “Liberal nationalist versus postnational social integration: on the nation’s ethno-cultural particularity and ‘concreteness,’” *Nations and Nationalism* 10 (2004): 231–50 を参照。

（12） Pauline Kleingeld, “Kantian Patriotism,” *Philospohy and Public Affairs* 29 (2000):

313–41.

(13) 特に誇りは一般的にエージェンシーとは無関係であるため、「行動の傾向」と呼ばれてきたものを保有していない。Jon Elster, *Alchemies of the Mind: Rationality and the Emotions* (Cambridge: Cambridge University Press, 1999), 283. またヒュームによれば、「誇りと謙虚さは、魂の純粋な感情であり、一切の欲望は付随せず、我々を直接的に行為に促すものでない」(David Hume, *A Treatise of Human Nature,* ed. Ernest C. Mossner [london: Penguin, 1985], 414〔土岐邦夫ほか訳『人性論』中央公論新社、2010年〕)とも言える。

(14) 情念は情動とは異なるものであり、情動もまた気分とは異なるものである。フィリップ・フィシャーがその素晴らしい著書で示したように、現代における感情に関する語彙は、本来的に反社会的ものとしての「激しい情念」と直接的に対立している。しかし、情念の中で最も興味深い動態は、「その他を遮断する」情念である。そして憲法パトリオティズムの説明では、恥、怒りの観念さえもが含まれるが、例えば恐怖などの望ましくない他の情念を遮断することもまったくあり得ることである。Philip Fisher, *The Vehement Passions* (Princeton: Princeton University Press, 2002) を参照。

(15) Elster, *Alchemies of the Mind*, 249–50.

(16)「英雄や、民主主義のための勝利についてはどうなのだ?」と反論が出るかもしれない。手短に答えるなら、そのようなナラティヴはあり得るし、必要でさえある。しかしそのようなナラティヴの内、何らかの両義性を持たないものはほとんどないし、この両義性を付加することが憲法パトリオティズムにとって差別化を起こすものなのである。この文脈においては、ベンヤミンの次のような格言を思い出すかもしれない。すなわち、未開状態において対象とならないものであると同時に、文化の対象にならないものは存在しない。

(17) Cronin, "Democracy and Collective Identity," 19.

(18) George P. Fletcher, *Loyalty: An Essay on the Morality of Relationships* (New York: Oxford University Press, 1993).

(19) Ibid., 63.

(20) Ibid., 64.

(21) Joseph Raz, *Value, Respect and Attachment* (Cambridge: Cambridge University Press, 2001), 16.

(22) Ibid., 20.

(23) Frank I. Michelman, "Integrity-Anxiety?" in Michael Ignatieff, ed., *American*

Exceptionalism and Human Rights (Princeton: Princeton University Press, 2005), 241–76.

(24) Rabkin, *Law without Nations?* を参照。

(25) Thomas Nagel, "The Problem of Global Justice," *Philosophy and Public Affairs* 33 (2005): 113–47 も参照。

(26) 以下に関しては、Bernard Yach, "The Myth of the Civic Nation," *Critical Review* 10 (1996): 193–211 と比較せよ。

(27) Rogers Brubaker, *Ethnicity without Groups* (Cambridge, Mass.: Harvard University Press, 2004), 5.

(28) Yael Tamir, *Liberal Nationalism* (Princeton: Princeton University Press, 1993), 121〔押村高ほか訳『リベラルなナショナリズムとは』夏目書房、2006年〕.

(29) J.H.H. Weiler, "Federalism Without Constitutionalism: Europe's Sonderweg," in Kalypso Nicolaïdis and Robert Hose, eds., *The Federal Vision: Legitimacy and Levels of Governance in the United States and the European Union* (Oxford: Oxford University Press, 2001), 54–70. ここでは 64 から引用。

(30) Dora Kostakopoulou, "Thick, Thin and Thinner Patriotisms: Is This All There Is?" *Oxford Journal of Legal Studies* 26, no. 1 (2006): 73–106. ここでは 79 及び 83 から引用。

(31) Markell, "Making Affect Safe for Democracy?"; Kostakopoulou, "Thick, Thin and Thinner Patriotisms," 74 を参照。

(32) Rogers M. Smith, "The 'American Creed' and Constitutional Theory," *Harvard Law Review* 95, no. 7 (1982): 1691–1702 も参照。閉鎖と完全な具体化への抵抗は、クロード・ルフォールの民主主義理論のなかで提示された概念的な道具によって完全に理論化できるだろう。この点に関する指摘をしてくれたヘルダー・デ・ショッターにこの場を借りて御礼申し上げる。

(33) Chaim Gans, *The Limits of Nationalism* (New York: Cambridge University Press, 2002).

(34) Ibid., 7.

(35) Ibid., 15.

(36) Andrew Vincent, *Nationalism and Particularity* (Cambridge: Cambridge University Press, 2002), 110–35. ヴィンセントが言うように、「パトリオティズムは［…］国家内の悲劇的な二元性をとらえている。国家は法的な抽象概念の体現でもあり、同時に、多数の、非常に残忍な権力をも保持している――共和国であれ、君主であれ、議会制民主主義であ

れそうだ――そしてまた愛と自己犠牲を扇動する、道徳的、宗教的な要素も含んでいる」(ibid., 133)。しかし、パトリオティズムを同時に特に近代的でもありながら必然的に曖昧なものであるとする見解に賛同する率直な議論を検分するには Reinhart Koselleck, "Patriotismus: Gründe und Grenyen eines neuyeitlichen Begriffs," in Robert von Friedeburg, ed., *"Patria" und "Patrioten" vor dem Patriotismus: Pflichten, Rechte, Glauben und die Rekonfigurierung europäischer Gemeinwesen im 17. Jahrhundert* (Wiesbaden: Harassowitz, 2005), 535–52 を参照せよ。

(37) Marcel Gauchet, *The Disenchantment of the World: A Political History of Religion*, trans. Oscar Burge (Princeton: Princeton University Press, 1997).

(38) Marcel Gauchet, *La condition historique: Entretiens avec François Azouvi et Sylvain Piron* (Paris: Gallimard, 2005), 373.

(39) Dieter Grimm, "Integration by Constitution," *I-CON* 3, no. 2–3 (2005): 193–208 も参照。

(40) Hans Vorländer, "Integration durch Verfassung? Die symbolische Bedeutung der Verfassung im politischen Integrationsprozess," in idem., ed., *Integration durch Verfassung* (Wiesbaden: Westdeutscher Verlag, 2002), 9–40. ここでは 21 から引用。

(41) Michael Schudson, *The Good Citizen: A History of American Civic Life* (Cambridge, Mass.: Harvard University Press, 1998), 203.

(42) J.G.A. Pocock, *The Machiavellian Moment: Florentine Political Thought and the Atlantic Republican Tradition*, with a new afterword (Princeton: Princeton University Press, 2003)〔田中秀夫ほか訳『マキァヴェリアン・モーメント――フィレンツェの政治思想と大西洋圏の共和主義の伝統』名古屋大学出版会、2008 年〕.

(43) Vincent, *Nationalism*, 125–35.

(44) George Kateb, "Aestheticism and Morality: Their Cooperation and Hostility," *Political Theory* 28, no. 1 (2000): 5–37.

(45) Vorländer, "Integration durch Verfassung?" 29.

(46) Kostakopoulou, "Thick, Thin and Thinner Patriotisms."

(47) Grimm, "Integration by Constitution," 196.

(48) Benhabib, *The Rights of Others*.

(49) フランス政府による事実上のフランス・ムスリム評議会(Conseil Français Du Culte Musulman)の創設、そしてドイツ内務省によって創始されたイスラム会議(Islamkonferenzen)について考えて欲しい。それらは文化的多様性の持つ問題を、古風なヨーロッパにおけるコーポ

ラティズムを用いて解決しようとする、必死の試みであるとの反論があるかもしれない。しかし、フランスおよびドイツのムスリム共同体内部からのこうした反応は、あまりにも好意的すぎたために、未熟な国家（crude state）が無理やり社会を認識することを目指しているとして、こうした成果を見過ごすことはできない。フランスの共和主義の、複数の、議論の余地のある、だが同時に検知するのが難しい適応に関しての巧妙な議論は Olivier Roy, *La Laïcité face à l'Islam* (Paris: Stock, 2005); Patrick Weil, *La République et sa diversité* (Paris: Seuil, 2005); Riva Kastoryano, ed., *Les Codes de la difference* (Paris: Sciences Po, 2005) 及び Cécile Laborde, "Secular Philosophy and Muslim Headscarves in Schools," *The Journal of Political Philosophy* 13 (2005): 305–29 を参照。ドイツの Islamkonferenzen の準公式な正当化については Wolfgang Schäuble, "Muslime in Deutschland," *Frankfurter Allgemeine Zeitung*, September 25, 2006 を参照。Leitkultur（「先導する文化」）という概念によって形をなしているリベラル・ナショナリズムのドイツにおける別の形については Bassam Tibi, "Leitkultur als Wertekonsens—Bilanz einer missglückten deutchen Debatte," *Aus Politik und Zeitgeschichite,* B1–2 (2001): 23–26 を参照。

（50） Brubaker, *Ethnicity*, 116–31.

（51） Christian Joppke, *Selecting by Origin: Ethnic Migration in the Liberal State* (Cambridge, Mass.: Harvard University Press, 2005).

（52） 国家的そして宗教的特殊主義に染まった普遍主義の一つとして、より顕著ではないかもしれないデンマークの事例については、Per Mouritsen, "The Particular universalism of a Nordic civic nation: Common Values, state religion and Islam in Danish political culture," in Tariq Modood et al. eds., *Multiculturalism, Muslims ad Citizenship: A European Approach* (London: Routledge, 2006), 72–93.

（53） James Q. Whitman, "The Two Western Cultures of Privacy: Dignity versus Liberty," *Yale Law Journal* 113 (2004): 1151–221.

第 3 章

（1） Andrew Moravcsik, *The Choice for Europe: Social Purpose and State Power from Messina to Maastricht* (Ithaca: Cornell University Press, 1998) による概観は最も適切であり（とりわけ、ヨーロッパでは少なくともナンセンスではない）、依然として通用する。

（2） Christian Joerges, *The Law in the Process of Constitutionalizing Europe,* trans. Iain L. Fraser (Florence: EU Working Paper Law No. 2002/4), 4.

(3) Mattias Kumm, "Beyond Gold Clubs and the Judicialization of Politics: Why Europe has a Constitution Properly So Called," *American Journal of Comparative Law* 54 (2006): 505–30.

(4) Ulrich Haltern, "Pathos and Patina: The Failure and Promise of the Constitutionalism in the European Imagination," *European Law Journal* 9, no. 1 (2003): 14–44. 公平を期すれば、指導者たちが2004年に合意した憲法は市民参加とアカウンタビリティに関する、新しい重要な要素を含んでいた。もし100万の署名を必要数の構成国家から集めることができたなら、市民は欧州委員会に新しい政策を発議するよう求めることができる。直接選挙による唯一の欧州連合の機関である欧州議会には、より強い力が与えられた。同時に、各国の国会は「番犬」としての役割を強められ、構成国のために確保された権限が静かに連合の方へ「這い寄って」いかないよう監視することとなった。そして最後に、高レベルの政治的熟議を公にする要求があった。これはおそらく議論の余地はあるが、連合が根本的に透明性、そしてそれに伴ってアカウンタビリティに欠けていると考える者にとっては最も重要な成果である。

(5) Dieter Grimm, "The Constitution in the Process of Denationalization," *Constellations* 12 (2005): 447–63も参照。

(6) ヨーロッパのエリート層は、欧州国歌（興味を持った読者には、それが「歓喜の歌」だったことを言っておく）や欧州標語（「多様性の中の統合」）、そして創設記念日（5月9日）の投票に何100万ユーロも費やすより、彼らの信念の程をみせた方が良かったかもしれない。同じ日、たとえば記念日の投票と同じ日に、憲法についてヨーロッパ全体で国民投票を行うことができたかもしれない。その代わりに、彼らは「憲法」という言葉そのものの信頼性を、少なくとも当分の間は失わせた。

(7) Jeffrey K. Olick and Brenda Coughlin, "The Politics of Regret: Analytical Frames," in John C. Torpey, ed., *Politics and the Past: On repairing Historical Injustices* (Lanham, Md.: Rowan and Littlefield, 2003), 37–62; Roy L. Brooks, *When Sorry Isn't Enough: The Controversy over Apologies and Reparations for Human Injustice* (New York: NYU Press, 1999); Hermann Lübbe, *"Ich entschuldige mich": Das neue politische Bußritual* (Berlin: Siedler, 2001); Elazar Barkan, *The Guilt of Nations: Restriction and Negotiating Historical Injustices* (New York: Norton, 2000) を参照。

(8) Mihran Dabag, "Erinnerung ohne Orte: Warum auch Deutschland den Genozid an den Armeniern anerkennen sollte," *Frankfurter Allgemeine Zeitung,*

February 9, 2001 及び Cem Öydemir, "Langer Gang am Bosporus: Was gegen eine Armenien-Resolution spricht," *Frankfurter Allgemeine Zeitung*, April 5, 2001.

(9) Margalit, *The Ethics of Memory*.

(10) この区別はティモシー・スナイダーから借用したものである。もちろん、前者は多くの側面において後者が枠づけられるものであるが、前者のみに単純化できるものではない。それは記憶を純粋に手段としてみなす者の間違いである。Timothy Snyder, "Memory of Soverignty and Sovereignty over Memory: Poland, Lithuania, and Ukraine, 1939-1999," in Jan-Werner Müller, ed., *Memory and Power in Post-War Europe: Studies in the Presence of the Past* (Cambridge: Cambridge University Press, 2002), 39–58 を参照。

(11) Jean-Marc Ferry, *La question de l'Ètat européen* (Paris: Gallimard, 2000), 177.

(12) Friedrich Nietzsche, *On the Advantage and Disadvantage of History for Life*, trans. Peter Preuss (Indianapolis: Hackett, 1980)〔「生に対する歴史の利害について」、小倉志祥訳『ニーチェ全集〈4〉反時代的考察』筑摩書房、1993 年〕.

(13) Alain Finkielkraut, *La défaite de la pensée* (Paris: Gallimard, 1987), 143–44.〔西谷修訳『思考の敗北あるいは文化のパラドクス』河出書房新社、1988 年〕.

(14) 包括的にはMark Mazower, *Dark Continent: Europe's Twentieth Century* (London: Allen Lane, 1998), 141–84〔中田瑞穂ほか訳『暗黒の大陸——ヨーロッパの 20 世紀』未來社、2015 年〕を参照。また特に法律家と公法（public-law）理論家の関連については Christian Joerges and Navraj Singh Ghaleigh, eds., *Darker Legacies of Law in Europe: The Shadow of National Socialism and Fascism over Europe and its Legal Traditions* (Oxford: Hart, 2003) を参照。

(15) Edgar Morin, *Penser l'Europe* (Paris: Gallimard, 1987), 140–47〔林勝一訳『ヨーロッパを考える』法政大学出版局、1988 年〕.

(16) Richard J. Evans, "Blitzkrieg und Hakenkreuz," *Frankfurter Rundschau*, September 16, 2000.

(17) Michael Jeismann, *Auf Wiedersehen Gestern: Die deutche Vergangenheit und die Politik von morgen* (Stuttgart: Deutsche Verlags-Anstalt, 2001), 57–58.

(18) Ibid., 59.

(19) John Reed, "Poland's president seeks to lay his country's war guilt to rest: Sixty years after a massacre of hundreds of Jews by the Catholic neighbours, an official apology will be made," *Financial Times*, July 7, 2001.

(20) Yuen Foong Khong, *Analogies at War: Korea, Munich, Dien Bien Phu and the Vietnam Decisions of 1965* (Princeton: Princeton University Press, 1992).

(21) Lawrence L. Langer, *Admitting the Holocaust* (New York: Oxford University Press, 1995), 5.

(22) Norman Geras, *The Contract of Mutual Indifference: Political Philosophy after the Holocaust* (London: Verso, 1998). ジョルジョ・アガンベンは明瞭にアウシュヴィッツをカール＝オットー・アーペル及びハーバーマスの討議倫理に対する論駁とみなしているが、さらに「現代の人々が妥当なものと認めることができると信じている倫理の原理の大多数は、最後の試練、つまり『アウシュヴィッツの流儀で証明されたエチカ（Ethica more Auschwitz demonstrata)』として通用するための試練に耐えられなかった」とまで述べている（Agamben, *Remnants of Auschwitz: The Witness and the Archive,* trans. Daniel Heller-Roazen [New York: Zone Books, 1999], 13, 64–66〔上村忠男ほか訳『アウシュヴィッツの残りのもの――アルシーヴと証人』月曜社、2001 年〕)。

(23) Susan Neiman, *Evil in Modern Thought: An Alternative History of philosophy* (Princeton: Princeton Univesity Press, 2002), 258–81.

(24) John C. Torpey, "'Making Whole What has been Smashed': Reflections on Reparations," *Journal of Modern History* 73 (2001): 333–58.

(25) Ibid.

(26) Saul Friedlander, "Introduction," in idem, ed., *Probing the Limits of Representation: Nazism and the "Final Solution"* (Cambridge, Mass.: Harvard University Press, 1992), 1–21〔上村忠男ほか訳『アウシュヴィッツと表象の限界』未來社、1994 年〕. ここでは 19–20 から引用。

(27) Éizabeth Lévy, *Les Maîtres censeurs: Pour en finir avec la pensée unique* (Paris: Jean-Claude Lattès, 2002), 45.

(28) 例として Jacques Barou et al., *Mémoire et integration* (Paris: Syros, 1993) を参照。

(29) 仮にヨーロッパ人がホロコーストと第二次世界大戦から得た道徳的教訓に関して何らかの合意に達することができたとしても、そのような合意は実際には統合に際しての問題を悪化させるだけだとよく言われる。移民やその子孫は、どうにかして「罪悪感を感じる」ようにとの主張や、大多数によって提供される歴史解釈を受け入れることもしないからである。しかしこれは非常に変化のない、そしてある意味においては社会学的に単純素朴な描写である。たとえば、イアン・ブルマはオランダについての著名な評論の中で、対独協力に関する集合的記憶は公開討論で重要な役割を演じ続けており、また *autochtoon*（生粋なオランダ人）の名において発言する者と同じくらい、ムスリム代表

によって政治的に利用（あるいは濫用）されもしている。Ian Buruma, *Murder in Amsterdam: The Death of Theo van Gogh and the Limits of Tolerance* (New York: Penguin, 2006) を参照。

（30） Charles S. Maier, "A Surfeit of Memory? Reflections on History, Melancholy and Denial," *History and Memory* 5, no. 2 (1993): 136–52.

（31） Tony Judt, *Postwar* (New York: Penguin, 2005), 831.〔森本醇訳『ヨーロッパ戦後史（上）（下）』みすず書房、2008 年〕.

（32） 特に Giovanni Capoccia, *Defending Democracy: Reactions to Extremism in Interwar Europe* (Baltimore: The Johns Hopkins University Press, 2004) を参照。より包括的な比較には Gregory H. Fox and Georg Nolte, "Intolerant Democracies," *Harvard International Law Journal* 36 (1995): 1–70 を参照。

（33） Sven Eiffler, "Die 'wehrhafte Demokratie' in der Rechtsprechung des Europäischen Gerichtshofs für Menschenrechte," *Kritische Justiz* 36 (2003): 218–25.

（34） Michael Jeismann, "Die Weihe: Das Stockholmer Holocaust-Forum," *Frankfurter Allgemeine Zeitung,* January 28, 2000.

（35） この関連付けをもっとも明白かつ理路整然と説明しているのは、ダン・ダイナーだろう。2000 年に、ダイナーはホロコーストが「ヨーロッパ史の否定的神格化（negative apotheosis）」であり、EU の創設に繋がる事件と解釈できると主張している。「この出来事の倫理的要請からは、政治的ヨーロッパの基礎となるような価値のカタログを引き出すことができる。レイシズムと外国人嫌悪は、反ユダヤ主義とホロコーストと同義ではないが、何らかの関連性は持っており、根源的に反ヨーロッパ的な危険としてみなすことができる」［「何らかの」という表現にはもちろん、注意してほしい］（Diner, "Haider und der Schutzreflex Europas," *Die Welt,* February 26, 2000）。

（36） Niesen, "Anti-Extremism, Negative Republicanism, Civic Society."

（37） J. David Velleman, "The Genesis of Shame," *Philosophy and Public Affairs* 30, no. 1 (2001): 27–52.

（38） Elster, *Alchemies of the Mind*, 255.

（39） Bernard Williams, *Shame and Necessity* (Berkley: University of California Press, 1993), 特に 78–102 を参照。

（40） Ibid., 82.

（41） Ibid., 83, 90.

（42） James Q. Whitman, "What Is Wrong with Inflicting Shame Sanctions?" *Yale Law Journal* 107 (1998): 1055–92.

（43） Niesen, "Anti-Extremism, Negative Republicanism, Civic Society."

(44) Julian Benda, *Discours à la nation européenne,* Paris : Gallimard 1992 [1933], 126–27.

(45) Ibid., 71.

(46) Ibid.

(47) Bernard-Henri Lévy, “A Passage to Europe: The Continent isn't just on a journey, it is a journey,” *Time Europe,* August 25, 2003.

(48) Alain Finkielkraut, *In the Name of Humanity: Reflections on the Twentieth Century,* trans. Judith Friedlander (London: Pimlico, 2001), 98 によって引用。

(49) 例として “Après EU, le deluge?” *Economist,* July 5, 2003 を参照。

(50) Kalypso Nicolaïdis, “Our European Demoi-cracy,” in Kalypso Nicolaïdis and Stephen Weatherill, eds., *Whose Europe? National Models and the Constitution of the European Union* (Oxford: Oxford University Press, 2003), 137–52 を参照。

(51) Weiler, “Federalism without Constitutionalism.”

(52) Paul W. Kahn, *Putting Liberalism in Its Place* (Princeton: Princeton University Press, 2005) と比較せよ。

(53) Ulrich Haltern, “On Finality,” in Jürgen Bast and Armin von Bogdandy, eds., *European Constitutional Law* (Oxford: Hart, 2006), 727–64. ここでは 732 から引用。

(54) James Sheehan, “What It Means to Be a State: States and Violence in Twentieth-Century Europe,” *Journal of Modern European History* 1, no. 1 (2003): 11–23.

(55) Amartya Sen, *Identity and Violence* (New York: Norton, 2006)〔大門毅ほか訳『アイデンティティと暴力——運命は幻想である』勁草書房、2011年〕及び Patchen Markell, *Bound by Recognition* (Princeton: Princeton University Press, 2003).

(56) Axel Honneth, *Kampf um Anerkennung: Zur moralischen Grammatik sozialer Konflikte* (Frankfurt/Main: Suhrkamp, 1994)〔山本啓ほか訳『承認をめぐる闘争——社会的コンフリクトの道徳的文法』法政大学出版局、2003 年〕.

(57) ヨーロッパ憲法の制定のための条約が頓挫した発端まで遡って考える必要がある。提案された憲法をめぐる論争は、とりわけ、対立に関する近代の論理とポストモダンの論理の深刻な衝突とでも言えるようなものの存在を明らかにした。フランスの労働者階級と下位中産階級は、「ポーランド人配管工」の亡霊によって非常に強く不安を掻き立てられた。いつの間にかやってきたポーランド人配管工が、わずかな賃金でビデを修理し、腕の良いフランスの熟練配管工を駆逐してしまうと恐れたのである。この問題は明らかに、彼らがポーランド人である

ことを理由に配管工を承認しようとなかったということではなく、仕事を得ているのは誰かということであった。このような不安に直面すると、多様性を称賛し、それぞれの輝かしい差異を承認しようという話は、良く言っても無意味であると思われる。下手をすれば、無情なコスモポリタンたちが自国に留まらなければならない人々を意識的あるいは無意識に侮辱していることの典型例かもしれない。

確かに、承認の対立と分配の対立をきれいに二分することはほとんど不可能に等しい。しかし、この問題においては、ヨーロッパのエリート層の側が明晰さを基本的に欠いている。彼らは何度もEUの「誇大広告」をしてきた。一方でもったいぶった哲学的なレトリックを駆使し、他方で各国が自ら解決することのできない経済問題のすべてをブリュッセルが解消できると多かれ少なかれほのめかしながら。この哲学的レトリックは、より基礎的な経済に関する約束が守られていないときには、やはりいらだちを煽るのみである。たとえば、かつて二人の指導的なヨーロッパ知識人が、ヨーロッパの本質は、「他者に対して開かれること」や「自己を越えること」、あるいは共に「大いなる冒険」に乗り出すことにあると信じさせようとしたことがある。この二人とは、イラク戦争の時にアメリカ合衆国との比較においてヨーロッパの特殊性を明確にしようとしたジャック・デリダとユルゲン・ハーバーマスのことではない。スペインの元文化大臣ホルヘ・センプルンと、当時フランスの内務大臣だったドミニク・ド・ビルパンである。この二人は手を組んで、他ならぬ「ヨーロッパの人（European Man）」あるいは「*L'Homme Européen*」の定義を示しており、これは二人の共著のタイトルになっている（ちなみに、同書で「ヨーロッパの人」は「旅する夢（*un rêve qui voyage*）」であることが判明する）。

このようなレトリックは、EUの現実および限定的な能力——国民国家と比べて——とは明らかに対照的である。なぜなら、実際にブリュッセルは自らを他者へ開こうとはしていないからである。その他者が第三世界の農民であった場合はなおさらそうである。そして、たとえ他者に開くことを望んでいたとしても、ブリュッセルは加盟国の経済改革という冒険に乗り出すことはできないのである。さらに言えば、ブリュッセルは政治家が偽りの希望を投影するには格好の場所であり、なにより受けの悪い決定の責任をなすりつけるのに都合が良いところなのである。

もちろん、逆に言えば、ブリュッセルの財政上の権力を強めることは、国家に対する忠誠心を超国家レベルのものに向け直す、分かりや

すい方法であるように思われる。あるフェデラリストたちが次のように助言していることが思い起こされる。「連合の統治は、各国家のそれのように、諸個人の希望や恐れに迅速に対応することが可能でなければならない。そして、人間の心にもっとも強く影響するものである情熱を味方につけることができなければらない」。しかし、超国家的な忠誠心を生み出すことは、それ自体が目的なのではない。そして今のところ、ブリュッセル主導の福祉国家が民主的に正統化された国家レベルの解決策より優れているかどうかは、まだ実証されていない。ブリュッセル主導の福祉国家を支持する説得力のある議論は存在し得ないとか、超国家的な民主的実験主義は福祉の問題の手前で踏みとどまるべきであるなどと言っているのではない。しかし、様々な制度的取り決めを描くところから始めなければならない。ヨーロッパ憲法パトリオティズムについて決めることから始めることはできない。——それは終わりになされるしかないのである。

(58) Orhan Pamuk, "Neighbourhoods," *Eurozine*, October 13, 2006.

(59) Giandomenico Majone, *Dilemmas of European Integration: The Ambiguities and Pitfalls of Integration by Stealth* (Oxford: Oxford University Press, 2005).

(60) 例として Simone Chambers, "New Constitutionalism: Democracy, Habermas, and Canadian Exceptionalism," Ronald Beiner and Wayne Norman, eds., *Canadian Political Philosophy: Contemporary Reflections* (Toronto: Oxford University Press, 2001), 63–77. とりわけジェイムズ・タリーの業績を参照せよ。

(61) Ulrich Beck and Edgar Grande, *Das kosmopolitische Europa* (Frankfurt/Main: Suhrkamp, 2004), 161 and 137.

(62) Kalypso Nicolaïdis and Justine Lacroix, "Order and Justice beyond the Nation-State: Europe's Competing Paradigms," Rosemary Foot, John Lewis Gaddis and Andrew Hurrell, eds., *Order and Justice in International Relations* (Oxford: Oxford University Press, 2003), 125–54 も参照。

(63) Philip Pettit, *A Theory of Freedom: From Psychology to the Politics of Agency* (Cambridge: Polity, 2001), 163–74.

後記

(1) Kahn, *Putting Liberalism in Its Place*, 235.

(2) この点に関してはスティーヴン・ルークスに負うところが大きい。

(3) Paul Berman, *Terror and Liberalism* (New York: Norton, 2003), 166.

(4) Benda, *Discours à la nation européenne*, 20–21.

(5) Markell, "Making Affect Safe for Democracy?"

(6) J.H.H. Weiler, *Ein christliches Europa: Erkundungsgänge*, trans. Franz Reimer (Salzburg: Anton Pustet, 2004), 20.

(7) Pierre Manent, *La Raison des Nations: Réflexions sur la démocratie en Europe* (Paris: Gallimard, 2006).

(8) Frank I. Michelman, *Brennan and Democracy* (Princeton: Princeton University Press, 1999).

(9) Sharon Krause, *Liberalism with Honor* (Cambridge, Mass.: Harvard University Press, 2002), 189.